DR. HELENE SCHMITZ

Traumafokussierte KVT

für erwachsene Überlebende sexueller Übergriffe

Überwindung von Flashbacks, Albträumen und Hypervigilanz.

Traumafokussierte KVT

für erwachsene Überlebende sexueller Übergriffe

Überwindung von Flashbacks, Albträumen und Hypervigilanz.

DR. HELENE SCHMITZ

Redaktioneller Leiter: **Bob Benjamin**

Cover-Design: **Ali Seyi**

Redaktions- und Produktionsdienste: **True Pen Publishers**

Inhalt

Vorwort

Trauma ist eine mächtige Kraft. Es kann dazu führen, dass du dich desorientiert, abgekoppelt und verloren fühlst, besonders wenn das Trauma von etwas so zutiefst Persönlichem und Verheerendem wie sexuellem Übergriff herrührt. Die unsichtbaren Wunden, die zurückbleiben, sind möglicherweise schwieriger zu heilen als die physischen Wunden und bleiben noch lange nach dem Ereignis selbst bestehen. Albträume werden zu ständigen Begleitern, Flashbacks scheinen dich auf Schritt und Tritt zu überfallen, und ein Gefühl der Hyperwachsamkeit lässt die Welt ständig unsicher erscheinen. Wenn du dies liest, weißt du vielleicht genau, wie sich das anfühlt. Aber lassen Sie mich Sie gleich zu Beginn beruhigen: Damit sind Sie nicht allein. Heilung ist möglich, und sie muss nicht isoliert geschehen.

Dieses Buch ist als Leitfaden gedacht, als unterstützende Stimme, die Sie begleitet, während Sie durch die Folgen sexueller Übergriffe navigieren. Es ist nicht nur ein Lehrbuch für klinische Strategien und Fachjargon, sondern vielmehr ein mitfühlender Mentor, der Ihnen die Werkzeuge, das Wissen und die Ermutigung bietet, die Sie brauchen, um Ihr

Leben zurückzuerobern. Im Mittelpunkt dieser Reise steht die traumafokussierte kognitive Verhaltenstherapie (TKVT), ein evidenzbasierter Ansatz, der unzähligen Überlebenden geholfen hat, die Kontrolle über ihren Geist und Körper zurückzugewinnen.

Eine der Herausforderungen bei Traumata besteht darin, dass sie nicht nur in der Vergangenheit leben. Das ist nichts, was man so einfach hinter sich lassen kann. Trauma hat eine Art, sich in die Gegenwart einzufädeln und sich auf unerwartete Weise zu zeigen - sei es durch lebhafte Albträume, die dich nachts wachrütteln, oder durch plötzliche Flashbacks, die dich in Momente zurückwerfen, die du verzweifelt vergessen willst. Hypervigilanz kann Ihnen das Gefühl geben, dass Sie sich nie entspannen können und Ihre Umgebung immer auf Bedrohungen scannen, selbst wenn Sie in Sicherheit sind. Diese Erfahrungen sind nicht nur anstrengend - sie isolieren. TKVT gibt Ihnen jedoch einen Weg, sich durch sie hindurch zu bewegen, nicht indem Sie den Schmerz vermeiden, sondern indem Sie ihn Schritt für Schritt verarbeiten.

Auf den folgenden Seiten wird untersucht, wie ein Trauma Ihr Gehirn und Ihren Körper verändert, warum Sie so reagieren, wie Sie es tun, und vor allem, wie Sie beginnen können, diese Reaktionen zu verändern. Wir werden die Wissenschaft hinter

Ihren Reaktionen auf Traumata aufschlüsseln, nicht auf eine trockene, überwältigende Weise, sondern auf eine Weise, die Ihnen hilft, sich selbst besser zu verstehen. Du wirst erkennen, dass die Momente, in denen du dich überfordert oder außer Kontrolle fühlst, keine Zeichen von Schwäche sind. Sie sind die natürliche Art und Weise, wie Ihr Körper versucht, Sie zu schützen, wenn auch auf eine Weise, die Ihnen nicht mehr dient. Dies zu verstehen, ist der Schlüssel, um die Knoten zu lösen, die das Trauma in Ihrem Leben geknüpft hat.

In diesen Kapiteln werden wir uns mit den transformativen Techniken der TKVT befassen und uns insbesondere darauf konzentrieren, wie du die Geschichte, die du dir selbst erzählst, verändern kannst. Es ist so üblich, dass Überlebende sexueller Übergriffe Scham, Schuld oder Schuld mit sich herumtragen, die sie niemals hätten tragen dürfen. Diese Therapie wird dir helfen, diese schädlichen Glaubenssätze herauszufordern und abzubauen und sie durch Mitgefühl und Wahrheit zu ersetzen. Du wirst lernen, wie du sicher mit den Erinnerungen und Emotionen umgehen kannst, die du vermieden hast, nicht um das Trauma noch einmal zu erleben, sondern um seinen Griff auf dein Leben zu lockern.

Und obwohl TKVT Ihnen die Werkzeuge zur Heilung bietet, ist dieser Prozess zutiefst persönlich. Du wirst nicht nur Techniken lernen – du wirst deine

Stimme zurückfordern, deine Erzählung neu gestalten und letztendlich deine Stärke wiederentdecken. Das Trauma mag ein Stück von dir genommen haben, aber es definiert nicht die Ganzheit, wer du bist. Mit jedem Kapitel befassen wir uns mit einem anderen Aspekt der Heilung – von der Bewältigung von Albträumen und der Zähmung von Hypervigilanz bis hin zur Beruhigung des Geistes durch Erdungstechniken und der Wiederfindung von Sicherheit im Alltag.

Der Weg zur Genesung ist nicht einfach, und er verläuft sicherlich nicht linear. Manche Tage werden sich herausfordernder anfühlen als andere. Aber mit jedem Schritt nach vorne bauen Sie Resilienz auf, stärken Ihren emotionalen Werkzeugkasten und kultivieren eine Zukunft, in der das Trauma nicht mehr über Ihr Leben herrscht. Die Techniken und Geschichten, die hier geteilt werden, werden dir helfen, wieder auf die Beine zu kommen, und dich daran erinnern, dass es bei Heilung nicht nur ums Überleben geht, sondern auch darum, die Freude, den Frieden und die Erfüllung zurückzugewinnen, die du verdienst.

Dieses Buch richtet sich auch an Therapeuten und Psychiater, die mit Überlebenden zusammenarbeiten. Ihre Rolle auf dieser Reise ist von unschätzbarem Wert. Ihre Fähigkeit, einen sicheren, vertrauensvollen Raum für Ihre Klienten zu schaffen, ist das Fundament, auf dem ihre Heilung aufgebaut ist. Die Kapitel, die dem therapeutischen Prozess gewidmet sind, bieten praktische und effektive Strategien, um Ihre Klienten durch die TKVT zu führen, und bieten Ihnen gleichzeitig Einblicke in Ihre eigene Selbstfürsorge. Jemanden bei der Traumabewältigung zu unterstützen, kann eine schwere Arbeit sein, und es ist wichtig, dass Sie bei dieser wichtigen Arbeit auch Ihrem Wohlbefinden Priorität einräumen.

Egal, ob Sie ein Überlebender sind, der Heilung sucht, oder ein Therapeut, der Anleitung anbietet, dieses Buch ist für Sie. Gemeinsam werden wir untersuchen, wie TKVT ein mächtiger Verbündeter bei der Überwindung von Flashbacks, Albträumen und Hypervigilanz sein kann. Wir werden uns diesen Herausforderungen mit Hoffnung, Widerstandsfähigkeit und einem klaren Weg nach vorne stellen. Es wird Rückschläge geben, aber es wird auch Durchbrüche geben. Und bei all dem möchte ich, dass ihr euch daran erinnert – ihr seid nicht allein, und es gibt immer einen Weg nach vorne.

Einleitung

DEIN WEG ZUR HEILUNG

Die Heilung von sexuellen Übergriffen ist eine unglaublich persönliche Reise, und keine zwei Erfahrungen sind gleich. Dennoch haben viele Überlebende gemeinsame Herausforderungen – Schamgefühle, Schuldgefühle, Angst und die überwältigende Last von Flashbacks oder Albträumen, die es schwierig machen, voranzukommen. Ein Trauma verblasst nicht einfach mit der Zeit; Es setzt sich tief in deinem Körper, deinem Geist und deinem Selbstgefühl fest. Hier wird die traumafokussierte kognitive Verhaltenstherapie (TKVT) zu einem so wichtigen Werkzeug. Es bietet einen Weg zur Heilung, der sowohl strukturiert als auch mitfühlend ist und Sie genau dort abholt, wo Sie sind, und Sie sanft dazu führt, Ihr Gefühl von Sicherheit, Kontrolle und Ganzheit zurückzugewinnen.

TKVT wurde speziell für Traumata entwickelt und ist daher einzigartig auf die Bedürfnisse von erwachsenen Überlebenden sexueller Übergriffe zugeschnitten. Es hilft Ihnen nicht nur, Symptome wie Angstzustände, Depressionen oder Hypervigilanz zu bewältigen. Es befasst sich mit dem Trauma im Kern. Die Schönheit dieses Ansatzes liegt in seiner Fähigkeit, einen sicheren Raum zu schaffen, in dem Sie sich den schmerzhaften Erinnerungen stellen können, die Sie verfolgt haben – nicht, um das Trauma erneut zu erleben, sondern um es auf eine Weise zu verarbeiten, die es Ihnen ermöglicht, seinen Griff auf Ihr Leben zu lösen. Stellen Sie sich TKVT als ein Toolkit vor, das mit Fähigkeiten gefüllt ist, die Ihnen nicht nur beim Überleben, sondern auch beim Gedeihen helfen können. Es geht darum, zu lernen, wie man mit den emotionalen und psychologischen Stürmen, die ein Trauma verursacht, umgeht, während man langsam Stück für Stück sein Selbstbewusstsein wieder aufbaut.

Was TKVT so leistungsfähig macht, ist sein doppelter Fokus. Es erkennt die Auswirkungen von Traumata sowohl auf deine Gedanken als auch auf deine Emotionen an und erkennt, dass beide tief miteinander verflochten sind. Es ist üblich, dass Überlebende in einem Kreislauf negativen Denkens gefangen sind – sie geben sich selbst die Schuld für das, was passiert ist, haben das Gefühl, dass sie den Missbrauch irgendwie verdient haben, oder glauben, dass sie nie wirklich heilen werden. Diese Gedanken verfestigen sich im Laufe der Zeit und werden oft durch das Trauma selbst verstärkt. TKVT hilft Ihnen, diese Überzeugungen auf eine sanfte, aber transformative Weise in Frage zu stellen. Durch diesen Prozess wirst du lernen, die Erzählung, die du in dir getragen hast, neu zu formulieren und zu erkennen, dass das Trauma dich nicht definiert.

Gleichzeitig hilft Ihnen TKVT, die überwältigenden Emotionen zu bewältigen, die hochkochen können, wenn das Trauma wieder auftaucht. Die Albträume, die dich nachts gelähmt zurücklassen, die Flashbacks, die dich in schreckliche Momente zurückwerfen, und die Hypervigilanz, die es dir unmöglich macht, dich sicher zu fühlen – all das sind häufige Erfahrungen für Überlebende. TKVT gibt Ihnen praktische Werkzeuge, um Ihr Nervensystem zu beruhigen, sich in der Gegenwart zu verankern und die Kontrolle über Ihre emotionalen Reaktionen wiederzuerlangen. Mit der Zeit wirst du dich weniger wie ein Opfer deines eigenen Körpers fühlen, sondern mehr wie der Fahrer deiner eigenen Heilungsreise.

Aber TKVT ist keine schnelle Lösung, und es ist wichtig anzuerkennen, dass Heilung Zeit braucht. Vielleicht gibt es Momente, in denen du das Gefühl hast, zwei Schritte vorwärts und einen Schritt zurück zu machen. Das ist normal und bedeutet nicht, dass Sie versagen. Tatsächlich ist das alles Teil des Prozesses. Das Ziel ist nicht, das Trauma zu löschen, sondern es auf eine Weise in dein Leben zu integrieren, die nicht mehr jeden deiner wachen Momente dominiert. TKVT bietet den Fahrplan für diese Reise und bietet klare Schritte, die auf dem Weg dorthin unternommen werden können. Und auch wenn sich die Arbeit manchmal schwierig anfühlen mag, ist es wichtig, sich daran zu erinnern, dass Sie diesen Weg nicht alleine gehen.

Es gibt ein unglaubliches Gefühl der Ermächtigung, das mit TKVT einhergeht. Während du dich durch den Prozess bewegst, wirst du Veränderungen bemerken – nicht nur in deinem Denken und Fühlen, sondern auch in deiner Beziehung zur Welt um dich herum. Die Techniken, die du lernst, werden dir helfen, dir selbst wieder zu vertrauen, vielleicht zum ersten Mal seit langer Zeit. Und dieses Vertrauen wird sich nach außen ausdehnen und es Ihnen ermöglichen, sich auf gesündere und sinnvollere Weise wieder mit anderen zu verbinden.

Heilung bedeutet nicht, zu vergessen, was passiert ist, aber es bedeutet, Raum für neue Erfahrungen, für Freude und für die Möglichkeit einer Zukunft zu schaffen, die nicht durch das Gewicht des Traumas belastet ist.

Die traumafokussierte KVT gibt Ihnen die Möglichkeit, Ihre Heilung selbst in die Hand zu nehmen. Es bietet einen strukturierten Weg nach vorne, aber es ist nicht starr oder eine Einheitsgröße. Das Schöne an diesem Ansatz ist, dass er Ihre einzigartige Erfahrung würdigt und Sie gleichzeitig mit den Werkzeugen ausstattet, um in Ihrem eigenen Tempo voranzukommen. Durch diesen Prozess wirst du eine Stärke in dir entdecken, von der du vielleicht nicht wusstest, dass du sie hast – eine Widerstandsfähigkeit, die es dir ermöglicht, dich dem Schmerz direkt zu stellen, ohne dass er deine Zukunft bestimmt.

Hol dir dein Leben zurück, denn ein Trauma definiert dich nicht

Wenn du etwas so Erschütterndes wie einen sexuellen Übergriff erlebt hast, ist es leicht, das Gefühl zu haben, dass dein Trauma die einzige Geschichte ist, die existiert. Der Schmerz, die Angst, die Verwirrung – es kann sich allumfassend anfühlen, als ob die Person, die du vorher warst, nicht mehr existiert. Aber lass mich dich sanft daran erinnern, genau hier, dass du mehr bist als das, was dir passiert ist. Das Trauma, egal wie überwältigend es ist, definiert nicht, wer du bist. Es ist ein Kapitel in deinem Leben, nicht die Gesamtheit deiner Geschichte.

Bei der Heilung geht es nicht darum, die Vergangenheit auszulöschen oder so zu tun, als gäbe es den Schmerz nicht. Stattdessen geht es darum, zu lernen, wie man damit weitermacht, während man langsam die Teile von sich selbst zurückgewinnt, die man vielleicht verloren glaubte. Dieser Prozess braucht Zeit, Geduld und Mut, aber vor allem braucht es die richtigen Werkzeuge. Mit der richtigen Führung, dem richtigen Verständnis und der richtigen Unterstützung kannst du anfangen zu sehen, dass die Person, die du wirst, nicht durch das Trauma gebrochen oder geschwächt ist, sondern jemand, der Kraft in seiner Fähigkeit findet, wieder aufzustehen.

Traumata haben eine Art, uns glauben zu machen, dass wir gefangen sind, dass wir uns immer in der gleichen Schleife von Angst, Flashbacks und Hypervigilanz gefangen fühlen werden. Es kann so aussehen, als gäbe es keinen Ausweg, keine Möglichkeit, sich wieder ganz zu fühlen. Aber das stimmt nicht. Mit den Techniken, die wir in diesem Buch erforschen werden – insbesondere durch die traumafokussierte kognitive Verhaltenstherapie – lernen Sie, sich aus diesen mentalen Fallen zu befreien. Du wirst anfangen zu verstehen, dass das Trauma zwar bestimmte Reaktionen oder Überzeugungen geformt hat, die du hattest, aber nicht deine Zukunft diktieren muss.

Auf dieser Reise zur Heilung geht es nicht darum, jemand Neues zu werden. Es geht darum, die Person wiederzuentdecken, die man immer war, auch unter den Schichten von Schmerzen und Überlebensmechanismen. Der Teil von dir, der lacht, träumt, liebt und hofft, existiert immer noch, und die Arbeit, die wir zusammen machen werden, wird dir helfen, dich wieder mit diesem Teil von dir selbst zu verbinden. Du hast eine innere Widerstandsfähigkeit, die dich so weit getragen hat, und jetzt ist es an der Zeit, diese Stärke auf eine Weise zu nähren, die Frieden und Klarheit in dein Leben bringt.

Heilung geschieht nicht in einer geraden Linie. An manchen Tagen hast du vielleicht das Gefühl, Fortschritte zu machen, nur um am nächsten Morgen aufzuwachen und das Gefühl zu haben, dass du wieder da bist, wo du angefangen hast. Das ist normal. Das ist alles Teil des Prozesses. Es ist wichtig, sich daran zu erinnern, dass du mit jedem Schritt, egal ob er sich groß oder klein anfühlt, dein Leben zurückforderst. Du lockerst allmählich den

Griff, den das Trauma auf dir hatte, und erlaubst dir dabei, mehr Momente der Freiheit, Freude und Leichtigkeit zu erleben.

Die Werkzeuge, die wir in diesem Buch untersuchen werden, sollen Ihnen helfen, neue Denkmuster zu entwickeln, die Sie nicht mehr an das Trauma binden. Indem du lernst, die schädlichen Glaubenssätze, die ein Trauma oft hervorruft, in Frage zu stellen und neu zu gestalten, wirst du anfangen zu erkennen, dass die Macht, die es über dich ausübt, verringert werden kann. Du bist nicht schwach, weil du gelitten hast; Tatsächlich spricht dein Überleben für eine Stärke, die du vielleicht noch nicht erkennst. Und jetzt, mit diesen Werkzeugen, kannst du beginnen, diese Stärke in etwas umzuwandeln, das dich aktiv zur Heilung antreibt.

Niemand kann diese Reise für Sie unternehmen, aber Sie müssen es nicht alleine schaffen. Du hast bereits immensen Mut bewiesen, indem du dieses Buch in die Hand genommen und die Möglichkeit der Heilung in Betracht gezogen hast. Das ist der erste Schritt, um dein Leben zurückzugewinnen: daran zu glauben, dass Veränderung möglich ist. Von hier aus geht es darum, zu lernen, zu üben und sich auf dem Weg dorthin Gnade zu schenken. Dies ist deine Reise, und obwohl sie manchmal schwierig sein mag, steckt sie auch voller Potenzial für Wiederentdeckung, Wachstum und Erneuerung.

Ein Trauma mag Spuren in deinem Leben hinterlassen haben, aber es gehört nicht zu deiner Zukunft. Mit den richtigen Tools und Unterstützung werden Sie feststellen, dass Sie sich nicht über das definieren, was Ihnen passiert ist. Du wirst durch die Stärke, Widerstandsfähigkeit und Hoffnung definiert, die noch in dir sind und bereit sind, dich zur Heilung zu führen.

Im Kern geht es in diesem Buch darum, dich auf deiner Reise zu begleiten, um Frieden und Kraft in deinem Leben zurückzugewinnen, nachdem du sexuelle Übergriffe erlebt hast. Bei der Heilung von Traumata geht es nicht nur darum, die Symptome zu lindern – es geht darum, ein Gefühl der Sicherheit, des Vertrauens und der Kontrolle über Ihren Geist und Körper wiederzuentdecken. Der Prozess kann sich entmutigend anfühlen, und oft sind sich die Überlebenden nicht sicher, wo sie anfangen sollen oder wie sie mit den komplexen Emotionen und Erfahrungen umgehen sollen, die in der Folge entstehen. Hier kommt dieses Buch ins Spiel und bietet nicht nur Verständnis, sondern auch praktische Strategien, die in der traumafokussierten kognitiven Verhaltenstherapie (TKVT) verwurzelt sind, um Sie auf diesem Weg zur Heilung zu unterstützen.

TKVT ist ein spezialisierter, evidenzbasierter Ansatz, der speziell für Menschen entwickelt wurde, die ein Trauma erlebt haben, einschließlich Überlebender sexueller Übergriffe. Einer der schmerzhaftesten Aspekte eines Traumas ist, wie es durch die Zeit widerhallt und das tägliche Leben noch lange nach dem Ereignis selbst beeinflusst. Flashbacks können dich in Momente des Schreckens zurückversetzen, wenn du sie am wenigsten erwartest, Albträume können deinen Schlaf stören und dich emotional erschöpfen, und Hypervigilanz kann dazu führen, dass du das Gefühl hast, nie wirklich sicher zu sein, immer nach Gefahren Ausschau zu halten. Dieses Buch soll Ihnen helfen, sich von diesen Mustern zu befreien, und gibt Ihnen die Werkzeuge an die Hand, um die Intensität und Häufigkeit dieser Symptome zu reduzieren, damit sie Ihr Leben nicht mehr dominieren.

TKVT funktioniert, indem es sowohl die emotionalen als auch die psychologischen Aspekte von Traumata anspricht. Es hilft den Überlebenden, sich schmerzhaften Erinnerungen zu stellen, schwierige Emotionen zu verarbeiten und negative Gedanken neu zu formen, die oft noch lange nach dem Trauma nachwirken. Eines der Ziele dieses Buches ist es, Ihnen zu zeigen, dass diese Symptome zwar real und mächtig sind, Sie aber nicht definieren und Ihre Zukunft nicht kontrollieren müssen. Durch geführte Übungen, Erdungstechniken und kognitive Umstrukturierungen ermöglicht Ihnen TKVT, dem Trauma mutig zu begegnen und seinen Einfluss auf Ihren Geist und Körper allmählich zu verringern. Es geht nicht darum, dich zu zwingen, das Trauma noch einmal zu durchleben – es geht darum, zu verstehen, wie es dich beeinflusst hat, damit du lernen kannst, darüber hinaus zu leben.

Für Überlebende bietet dieses Buch einen Rettungsanker. Die Strategien auf diesen Seiten sind so konzipiert, dass sie nicht nur im Moment, sondern langfristig Linderung verschaffen. Du lernst, wie du Flashbacks verarbeiten kannst, ohne von ihnen überwältigt zu werden, wie du die Kontrolle über deinen Schlaf wiedergewinnst und Albträume reduzierst und wie du die Hypervigilanz beruhigen kannst, die dich ständig nervös machen kann. Jeder Schritt in diesem Prozess ist ein Baustein in Richtung einer Zukunft, in der du dich ermächtigt und fähig fühlst, ohne den ständigen Schatten des Traumas zu leben, der über dir hängt.

Aber dieses Buch ist nicht nur für Überlebende. Auch Therapeuten und Fachkräfte für psychische Gesundheit können hier wertvolle Werkzeuge und Erkenntnisse finden. Die Unterstützung von Überlebenden sexueller Übergriffe ist sowohl eine lohnende als auch eine herausfordernde Arbeit.

TKVT bietet einen klaren Rahmen für die strukturierte und effektive Behandlung von traumabedingten Symptomen und gibt Therapeuten das Selbstvertrauen, ihre Klienten durch einige der schwierigsten Teile ihrer Genesung zu führen. In diesem Buch wird untersucht, wie diese Strategien in Therapiesitzungen eingesetzt werden können, wie sie an die Bedürfnisse jedes Einzelnen angepasst werden können und wie man ein sicheres und mitfühlendes therapeutisches Umfeld fördert, in dem Heilung wirklich stattfinden kann.

Gleichzeitig erkennt es an, welchen Tribut diese Arbeit auch von den Therapeuten fordern kann. Raum für das Trauma einer Person zu haben, ihren Schmerz zu bezeugen und sie durch ihre verletzlichsten Momente zu führen, erfordert emotionale Widerstandsfähigkeit. Das Buch bietet auch Ratschläge zur Erhaltung Ihrer eigenen psychischen Gesundheit und Ihres Wohlbefindens als Therapeut, die Ihnen helfen, Burnout zu vermeiden und ein Gleichgewicht zu finden, während Sie Ihre Kunden weiterhin unterstützen.

Letztendlich ist es das Ziel dieses Buches, eine Quelle der Führung und Hoffnung zu sein. Für die Überlebenden geht es darum, einen Weg nach vorne zu finden, zu lernen, wie sie mit den überwältigenden Symptomen eines Traumas umgehen können, und das Gefühl der Sicherheit zurückzugewinnen, das ihnen genommen wurde. Für Therapeuten geht es darum, Sie mit praktischen, mitfühlenden Strategien auszustatten, um Ihren Klienten zu helfen, zu heilen und zu gedeihen. Gemeinsam werden wir untersuchen, wie TKVT die Art und Weise verändern kann, wie Sie mit Traumata umgehen, indem sie sowohl dem Überlebenden als auch dem Therapeuten die Werkzeuge an die Hand gibt, die sie benötigen, um den komplexen und oft schmerzhaften Weg der Heilung zu bewältigen.

Teil 1

Die Auswirkungen sexueller Übergriffe auf Erwachsene verstehen

Kapitel 1

Die unsichtbaren Wunden des Traumas

Ein Trauma durch sexuelle Übergriffe kann tiefe, unsichtbare Wunden hinterlassen, die jeden Aspekt deines Seins berühren. Die Erfahrung eines Traumas ist nicht nur etwas, das dir mental passiert; Es verändert die Art und Weise, wie Ihr Gehirn, Ihre Emotionen und Ihr Körper funktionieren. Zu verstehen, wie diese Veränderungen stattfinden, bedeutet, einen Einblick in die tiefgreifenden Auswirkungen von Traumata zu gewinnen - und zu erkennen, dass Heilung möglich ist.

Wenn wir von einem Trauma sprechen, das das Gehirn betrifft, beziehen wir uns auf Veränderungen sowohl in der Struktur als auch in der Funktion. Die Reaktion des Gehirns auf ein Trauma beinhaltet eine komplexe Interaktion zwischen verschiedenen Regionen, insbesondere solchen, die an der

Verarbeitung von Emotionen und Erinnerungen beteiligt sind, wie z. B. die Amygdala und der Hippocampus. Die Amygdala, die für das Erkennen von Bedrohungen und das Auslösen emotionaler Reaktionen verantwortlich ist, kann überaktiv werden. Diese erhöhte Sensibilität bedeutet, dass selbst kleine Erinnerungen an das Trauma intensive Angst oder Unruhe hervorrufen können, was zu einem ständigen Zustand der Wachsamkeit führt. Der Hippocampus hingegen spielt eine Schlüsselrolle bei der Bildung neuer Erinnerungen und der Kontextualisierung vergangener Erfahrungen. Ein Trauma kann seine Funktion stören, was zu Schwierigkeiten beim Gedächtnisabruf und einer erhöhten Neigung zu aufdringlichen Erinnerungen oder Flashbacks führt. Das Ergebnis ist ein Gehirn, das sich ständig nervös fühlt und darum kämpft, zwischen vergangenen und gegenwärtigen Bedrohungen zu unterscheiden.

Emotional kann ein Trauma durch sexuelle Übergriffe eine turbulente Landschaft schaffen. Die erste Erfahrung eines Traumas bringt oft eine Welle von Emotionen wie Angst, Scham, Schuld und Wut mit sich. Diese Gefühle können sich verstricken und ein Gefühl der Verwirrung und Isolation erzeugen. Es ist nicht ungewöhnlich, dass sich Überlebende von ihren Emotionen überwältigt fühlen oder mit starken Stimmungsschwankungen zu kämpfen haben. Die emotionalen Nachwirkungen eines Traumas können zu einem Gefühl der Taubheit oder Trennung führen, als ob die Welt um dich herum plötzlich abgestumpft und nicht mehr wiederzuerkennen wäre. Dieser emotionale Aufruhr ist kein Ausdruck von Schwäche; Vielmehr ist es eine natürliche Reaktion auf eine außergewöhnliche Situation. Deine Emotionen sind gültig, und sie sind Teil der Art und Weise, wie dein Körper das Geschehene verarbeitet und ihm einen Sinn gibt.

Ein Trauma manifestiert sich auch körperlich und wirkt sich auf den Körper auf eine Weise aus, die oft weniger sichtbar, aber ebenso bedeutsam ist. Die durch ein Trauma ausgelöste Stressreaktion kann zu körperlichen Symptomen wie Anspannung, Müdigkeit und Kopfschmerzen führen. Bei manchen kann dieser Stress zu chronischen Schmerzen oder anderen gesundheitlichen Problemen beitragen. Der ständige Zustand der Hypervigilanz kann dazu führen, dass Sie das Gefühl haben, immer auf der Hut zu sein, was Sie nicht nur geistig zermürbt, sondern auch Ihren Körper belastet. Schlafstörungen, einschließlich Albträume oder Schlaflosigkeit, sind häufig und beeinträchtigen Ihr körperliches Wohlbefinden zusätzlich. Es ist wichtig zu verstehen, dass diese körperlichen Symptome Teil der breiteren Traumareaktion sind und nicht nur zufällige oder nicht zusammenhängende Probleme.

Das Erkennen der Auswirkungen von Traumata auf Ihr Gehirn, Ihre Emotionen und Ihren Körper ist ein wichtiger Schritt zur Heilung. Es ist eine Möglichkeit, anzuerkennen, dass das, was du erlebst, real und bedeutsam ist und dass du in diesen Kämpfen nicht allein bist. Dieses Verständnis kann auch den Weg für Heilungsstrategien ebnen, die diese Probleme ganzheitlich angehen. Ein Trauma wirkt sich in vielerlei Hinsicht auf Sie aus, aber mit der richtigen Unterstützung und den richtigen Werkzeugen können Sie beginnen, diese Auswirkungen anzugehen und zu heilen. Jeder Schritt, den du unternimmst, um diese Veränderungen zu verstehen und zu bewältigen, ist ein Schritt zur Wiedererlangung deines Selbstgefühls und deines Wohlbefindens.

Die verborgenen Narben

Ein Trauma kann eine tiefgreifende und lebensverändernde Erfahrung sein, aber im Gegensatz zu einer körperlichen Verletzung sind seine Auswirkungen nicht immer sichtbar. Stellen

Sie sich ein Trauma als unsichtbare Wunden vor – Narben, die nicht sichtbar sind, aber tiefe Spuren in Ihrem Geist und Körper hinterlassen. Diese Wunden manifestieren sich auf eine Weise, die oft missverstanden oder übersehen wird, weil sie nicht mit offensichtlichen Anzeichen wie Blutergüssen oder Schnittwunden einhergehen. Stattdessen zeigen sie sich in einem komplexen Geflecht von Symptomen, die Ihr emotionales und geistiges Wohlbefinden beeinträchtigen, wie Angstzustände, Depressionen und PTBS.

Wenn wir über Trauma sprechen, beziehen wir uns auf Erfahrungen, die die Grundfesten unseres Verständnisses der Welt und unserer selbst erschüttern. Es ist, als würde dein Gefühl von Sicherheit und Vertrauen abrupt abgebaut werden, so dass du mit einem erhöhten Gefühl der Verletzlichkeit durch das Leben navigierst. Im Gegensatz zu einem gebrochenen Knochen, der mit der Zeit und der Behandlung heilt, können diese unsichtbaren Wunden ohne die richtige Unterstützung bestehen bleiben und sich sogar verschlimmern. Symptome wie Angstzustände, Depressionen und PTBS werden oft zum äußeren Ausdruck dieser inneren Narben, was es anderen schwer macht, die Tiefe dessen zu begreifen, was Sie durchmachen.

Angst ist eine der häufigsten Manifestationen von Traumata. Es ist dieses unerbittliche Gefühl des Unbehagens, das einfach außer Sichtweite zu schweben scheint, immer lauern und bereit zum Sprung. Vielleicht sind Sie nervös, leicht erschrocken oder kämpfen mit anhaltenden Sorgen, die keine klare Ursache zu haben scheinen. Dieser erhöhte Zustand der Wachsamkeit ist die Art und Weise, wie dein Verstand versucht, dich zu schützen, ein Überbleibsel des Traumas, das sich weiterhin auf dein tägliches Leben auswirkt.

Auch Depressionen können eine direkte Folge der unsichtbaren Wunden eines Traumas sein. Es geht nicht nur darum, sich für ein paar Tage traurig oder niedergeschlagen zu fühlen; Es ist ein allgegenwärtiges Gefühl der Leere und Verzweiflung, das selbst die einfachsten Aufgaben überwältigend machen kann. Ein Trauma kann dein Selbstwertgefühl untergraben und zu einem tiefen Gefühl der Hoffnungslosigkeit führen. Vielleicht ziehst du dich von deinen Lieben zurück, verlierst das Interesse an Aktivitäten, die du einst genossen hast, oder spürst ein erdrückendes Gewicht der Traurigkeit, das nicht zu fallen scheint.

Die Posttraumatische Belastungsstörung (PTBS) stellt eine schwerere Form der Nachwirkungen eines Traumas dar. Es zeichnet sich durch aufdringliche Erinnerungen, Flashbacks und Albträume aus, die dich dazu zwingen, das traumatische Ereignis immer wieder zu durchleben. Das Gefühl der Hypervigilanz – ein ständiger Zustand der Wachsamkeit – kann dazu führen, dass Sie sich erschöpft und von der Welt um Sie herum getrennt fühlen. Diese Symptome sind nicht nur Reaktionen; Sie sind Teil davon, wie Traumata Ihre mentale Landschaft neu formen und gewöhnliche Momente in potenzielle Auslöser verwandeln.

Das Verständnis von Traumata als unsichtbare Wunden hilft zu erklären, warum es so wichtig ist, diese Symptome mit Mitgefühl und Fürsorge anzugehen. Die Auswirkungen von Traumata sind nicht nur mental, sondern auch zutiefst emotional und körperlich. Sie können körperliche Symptome wie Kopfschmerzen, Muskelverspannungen oder Müdigkeit verspüren, die alle Manifestationen des Stresses und der Belastung sind, die das Trauma auf Ihren Körper ausgeübt hat.

Dieses Buch zielt darauf ab, Licht in diese unsichtbaren Wunden zu bringen und Unterstützung bei der Bewältigung ihrer Auswirkungen zu geben. Indem wir die verborgenen Narben des Traumas anerkennen und ansprechen, können wir beginnen, das komplexe Netz der Symptome zu entwirren und Wege zur Heilung zu finden. Die Erkenntnis, dass diese Wunden real und wirkungsvoll sind, obwohl sie unsichtbar sind, ist der erste Schritt, um Linderung zu finden und ein Gefühl von Sicherheit und Wohlbefinden wiederherzustellen.

Wenn wir uns mit diesen Themen befassen, denken Sie daran, dass Sie auf dieser Reise nicht allein sind. Die hier vorgestellten Strategien und Erkenntnisse sollen Ihnen helfen, die Symptome eines Traumas zu verstehen und zu bewältigen, und bieten einen mitfühlenden Leitfaden durch den Heilungsprozess. Die unsichtbaren Wunden mögen verborgen sein, aber sie sind nicht unüberwindbar. Gemeinsam werden wir Wege erkunden, wie wir diese Herausforderungen angehen, Ihre Kraft zurückgewinnen und Sie auf dem Weg zur Genesung unterstützen können.

Warum ein Trauma anhält

Ein Trauma hinterlässt unauslöschliche Spuren, nicht nur in unseren Emotionen, sondern tief in unserem Gehirn. Um wirklich zu verstehen, warum diese unsichtbaren Wunden noch lange nach einem traumatischen Ereignis bestehen bleiben, ist es wichtig zu verstehen, wie unser Gehirn auf ein Trauma reagiert. Stellen Sie sich Ihr Gehirn als ein ausgeklügeltes, hochsensibles Alarmsystem vor. Wenn du ein traumatisches Ereignis erlebst, wird dieses System ausgelöst, oft auf eine Weise, die sowohl tiefgreifend als auch nachhaltig ist.

Wenn ein Trauma zuschlägt, besteht die unmittelbare Reaktion des Gehirns darin, das zu aktivieren, was wir die "Kampf-oder-Flucht"-Reaktion nennen. Dies wird von einem Teil des Gehirns gesteuert, der als Amygdala bekannt ist und für die Verarbeitung von Emotionen und die Erkennung von Bedrohungen verantwortlich ist. In Momenten der Gefahr signalisiert die Amygdala die Freisetzung von Stresshormonen wie Adrenalin und Cortisol und bereitet den Körper darauf vor, sich entweder der Gefahr zu stellen oder vor ihr zu fliehen. Dies ist ein Überlebensmechanismus, der Sie vor echten Bedrohungen schützen soll. Wenn die Bedrohung jedoch nicht behoben wird oder wenn es sich um ein tiefsitzendes Trauma wie sexuelle Übergriffe handelt, kann das System in einem Zustand erhöhter Alarmbereitschaft stecken bleiben.

Die Reaktion des Gehirns auf ein Trauma wirkt sich nicht nur auf die Amygdala aus. Eine entscheidende Rolle spielt auch der Hippocampus, der bei der Bildung und dem Abrufen von Erinnerungen hilft. In Zeiten extremen Stresses kann der Hippocampus Schwierigkeiten haben, die traumatischen Erinnerungen genau zu verarbeiten, was zu fragmentierten oder lebhaften Flashbacks führt. Diese Erinnerungen können sich anfühlen, als würden sie in der Gegenwart stattfinden, anstatt eine Erinnerung an die Vergangenheit zu sein. Dies liegt daran, dass das Gehirn Schwierigkeiten hat, zwischen vergangener und gegenwärtiger Gefahr zu unterscheiden, wenn ein Trauma im Spiel ist.

Darüber hinaus kann der präfrontale Kortex, der für das Denken und die Entscheidungsfindung höherer Ordnung verantwortlich ist, weniger aktiv sein, wenn das Trauma frisch ist. Dieser Teil des Gehirns hilft, Emotionen zu regulieren und hilft Ihnen, logisch über Situationen nachzudenken. Wenn es weniger aktiv ist, kann es schwieriger sein, emotionale Reaktionen zu kontrollieren oder Bedrohungen rational einzuschätzen, was zu der anhaltenden Angst oder Hypervigilanz beiträgt, die viele Überlebende erleben.

Einer der Gründe, warum diese Reaktionen noch lange nach dem Ereignis bestehen bleiben, ist, dass ein Trauma die Kommunikation dieser Gehirnstrukturen miteinander beeinflussen kann. Die Amygdala kann auch dann weiterhin Notsignale an den Körper senden, wenn keine tatsächliche Gefahr besteht, was zu anhaltenden Symptomen von Angst und Hypervigilanz führt. Dieser ständige Zustand der Wachsamkeit kann das Gehirn in einem Kreislauf aus Angst und Stress gefangen halten, was es für die Überlebenden schwierig macht, sich sicher oder entspannt zu fühlen.

Darüber hinaus kann ein Trauma die Gehirnchemie auf eine Weise verändern, die es schwierig macht, zu einem Grundzustand der Ruhe zurückzukehren. Der erhöhte Spiegel von Stresshormonen kann die Stimmung und den Schlaf beeinflussen, während Veränderungen des Neurotransmitterspiegels die emotionale Regulation und das Gedächtnis beeinflussen können. Das Ergebnis ist ein stresssensibles Gehirn, das es dem Überlebenden erschwert, sich ohne gezieltes Eingreifen von den Auswirkungen des Traumas zu erholen.

Das Verständnis dieser neurobiologischen Reaktion kann ein gewisser Trost sein. Es zeigt, dass die Reaktionen, die Sie erleben, keine Anzeichen von Schwäche oder Versagen sind, sondern die natürliche Reaktion des Gehirns auf extremen Stress. Das Fortbestehen dieser Symptome ist ein Beweis für die tiefgreifenden Auswirkungen, die ein Trauma auf das Gehirn haben kann, aber es ist auch eine Erinnerung daran, dass Heilung möglich ist. Indem Sie diese Reaktionen durch Techniken wie die traumafokussierte kognitive Verhaltenstherapie (TKVT) angehen, können Sie dazu beitragen, die Reaktion des Gehirns auf Traumata neu zu kalibrieren und von innen heraus zu heilen.

Im Wesentlichen ist die Reaktion des Gehirns auf ein Trauma ein komplexes Zusammenspiel von emotionalen und physiologischen Reaktionen, die darauf abzielen, Sie zu schützen. Wenn diese Reaktionen jedoch noch lange nach dem Vorbeigehen der Gefahr anhalten, können sie zu Hindernissen für ein erfülltes und friedliches Leben werden. Zu erkennen, wie sich ein Trauma auf das Gehirn auswirkt, ist der erste Schritt, um zu verstehen, warum der Heilungsprozess Zeit brauchen kann und Geduld erfordert. Im Laufe der kommenden Kapitel werden wir Wege erkunden, wie wir diese neuronalen Reaktionen angehen und Sie zu einem ausgeglicheneren, friedlicheren Seinszustand führen können.

Geben Sie nachvollziehbare Beispiele, um den Überlebenden zu helfen, zu verstehen, wie ihre Symptome in dem Trauma verwurzelt sind, und betonen Sie, wie wichtig es ist, sich behandeln zu lassen. Halten Sie den Ton warm, gesprächig und unterstützend.

Kapitel 2

Wenn ein Trauma Ihren Schlaf heimsucht: Albträume erklärt

Albträume können ein besonders belastendes Symptom für Überlebende sexueller Übergriffe sein. Diese erschreckenden und oft verstörenden Träume können dazu führen, dass Sie sich erschüttert, ängstlich und nervös fühlen, was es schwierig macht, das Gefühl der Angst und Verletzlichkeit abzuschütteln, das noch lange nach dem Aufwachen anhält. Es ist nicht ungewöhnlich, dass Überlebende wiederkehrende Albträume erleben, die das traumatische Ereignis oder Variationen davon in lebendigen und verstörenden Details nachspielen. Diese Albträume können so intensiv sein, dass sie sich fast real anfühlen und du dich fragst, ob du immer noch inmitten des Traumas gefangen bist.

Aber warum spuken Albträume oft den Schlaf von Überlebenden? Ein Grund dafür ist, dass die traumatische Erfahrung die normale Verarbeitung von Erinnerungen stören kann, was dazu führt, dass das Gehirn Schwierigkeiten hat, das traumatische Ereignis auf eine Weise zu konsolidieren und zu speichern, die sich sicher und überschaubar anfühlt. Infolgedessen kann die traumatische Erinnerung im Gehirn "steckenbleiben" und sich in Form von Albträumen wiederholen. Dies kann insbesondere für Überlebende sexueller Übergriffe gelten, bei denen das Trauma oft zutiefst persönlich und emotional aufgeladen ist. Der Versuch des Gehirns, die traumatische Erfahrung zu verarbeiten und zu verstehen, kann sich in Albträumen manifestieren, die sich wie ein nicht enden wollender Kreislauf aus Angst, Unruhe und Hilflosigkeit anfühlen.

Der Zusammenhang zwischen Albträumen und PTBS ist ebenfalls signifikant. Für viele Überlebende sind Albträume ein charakteristisches Symptom der posttraumatischen Belastungsstörung (PTBS), einer Erkrankung, die sich nach einem traumatischen Ereignis entwickeln kann. Albträume können eine Manifestation des Versuchs des Gehirns sein, die traumatische Erinnerung zu verarbeiten und zu festigen, indem es sich mit Krankenschwestern, Therapeuten und anderen Patienten unterhält, immer mit einem warmen und ermutigenden Lächeln. Doch trotz seines freundlichen Auftretens war klar, dass die Albträume seinen Tribut von seiner psychischen Gesundheit gefordert hatten. Oft wachte er mitten in der Nacht schweißgebadet auf, und die Erinnerungen an das traumatische Ereignis spielten sich in seinem Kopf ab wie eine kaputte Schallplatte. Die Albträume waren zu einem ständigen Begleiter geworden, zu einer Erinnerung an das Trauma, das er durchgemacht hatte.

Die gute Nachricht ist, dass es Hoffnung auf Heilung und Genesung gibt. Durch die Zusammenarbeit mit einem ausgebildeten Therapeuten können Überlebende effektive Bewältigungsstrategien und -techniken erlernen, um ihre Albträume zu bewältigen und ihre Häufigkeit und Intensität zu reduzieren. Eine solche Technik ist die Imagery Rehearsal Therapy (IRT), bei der das Albtraumszenario neu geschrieben wird, um ein neues, weniger belastendes Ergebnis zu erzielen. Dies kann dem Gehirn helfen, die traumatische Erinnerung wieder zu verarbeiten und die Häufigkeit und Intensität der Albträume zu reduzieren. Darüber hinaus kann die kognitive Verhaltenstherapie (KVT) den Überlebenden helfen, negative Gedanken und Emotionen, die mit dem traumatischen Ereignis verbunden sind, zu hinterfragen und neu zu gestalten, wodurch die allgemeine Belastung und Angst, die Albträume auslösen können, reduziert wird. Indem sie sich mit dem zugrunde liegenden Trauma auseinandersetzen und daran arbeiten, die traumatische Erinnerung zu verarbeiten und zu festigen, können die Überlebenden beginnen, sich aus dem Kreislauf der Albträume zu befreien und ihr Leben neu aufzubauen.

Das Dunkel der Nacht

Wenn die Lichter ausgehen und die Welt draußen still wird, kann der Versuch des Gehirns, die Ereignisse des Tages zu verarbeiten, manchmal eine dunkle und erschreckende Wendung nehmen. Für Überlebende sexueller Übergriffe kann das Heiligtum des Schlafes zu einem Schlachtfeld werden, auf dem Albträume als ständige Erinnerung an das erlittene Trauma dienen. Aber warum fühlen sich diese Albträume so lebendig, so real an? Um dies zu verstehen, begeben wir uns auf eine Reise in das Innenleben des Gehirns, wo die Grenzen zwischen Realität und Fantasie verschwimmen und Vergangenheit und Gegenwart aufeinanderprallen.

Wenn wir ein traumatisches Ereignis erleben, wird das Bedrohungsreaktionssystem unseres Gehirns – oft als "Kampf- oder Fluchtreaktion" bezeichnet – ausgelöst. Diese Reaktion soll uns helfen, schnell auf Gefahren zu reagieren und eine Kaskade von Stresshormonen wie Adrenalin und Cortisol in unser System freizusetzen. Während sich das traumatische

Ereignis entfaltet, läuft die Amygdala unseres Gehirns, das emotionale Verarbeitungszentrum, auf Hochtouren und zeichnet jedes Detail, jedes Geräusch, jede Empfindung auf. Diese Informationen werden dann in unserem Hippocampus gespeichert, einer Region, die für die Konsolidierung von Erinnerungen verantwortlich ist, insbesondere solche, die mit starken Emotionen verbunden sind.

Während des Schlafs tritt das Gehirn in einen Zustand erhöhter Aktivität ein, in dem verschiedene Bewusstseinsstadien und Gehirnwellenmuster entstehen. Insbesondere die REM-Phase (Rapid Eye Movement) ist die Phase, in der die Verarbeitungszentren unseres Gehirns am aktivsten sind und Erinnerungen wiedergeben und konsolidieren, einschließlich derjenigen von traumatischen Ereignissen. Es ist, als ob unser Gehirn versucht, das Trauma zu verstehen, einen Weg zu finden, es in unsere Erzählung zu integrieren, um es weniger bedrohlich zu machen. Für Überlebende sexueller Übergriffe kann dieser Prozess jedoch verzerrt sein, was zur Entstehung von Albträumen führt, die sich nur allzu real anfühlen.

Diese Albträume können so lebendig sein, weil das Gehirn auf dieselben neuronalen Bahnen zurückgreift, die während des ursprünglichen traumatischen Ereignisses aktiviert wurden. Die gleichen sensorischen Details, die gleichen Emotionen, das gleiche Gefühl von Angst und Hilflosigkeit – all das kann während eines Albtraums erneut erlebt werden, so dass es sich anfühlt, als würde das Trauma noch einmal passieren. Dies kann insbesondere für Überlebende gelten, die möglicherweise einen erhöhten Erregungszustand entwickelt haben, der es schwierig macht, zwischen dem, was real ist, und dem, was nur ein Traum ist, zu unterscheiden. Das Ergebnis ist ein Gefühl, in einem nicht enden wollenden Kreislauf des Terrors gefangen zu sein, wobei die Albträume als ständige Erinnerung an die Präsenz des Traumas in ihrem Leben dienen.

Wenn wir tiefer in die Welt der traumatischen Albträume eintauchen, ist es wichtig, das Gefühl von Scham und Schuld anzuerkennen, das diese Erfahrungen oft begleitet. Überlebende haben vielleicht das Gefühl, die Kontrolle zu verlieren, als würde ihr Gehirn sie verraten oder dass sie irgendwie fehlerhaft oder schwach sind. Aber die Wahrheit ist, dass Albträume ein häufiges Symptom eines Traumas sind, ein Zeichen dafür, dass das Gehirn immer noch versucht, das traumatische Ereignis zu verarbeiten. Wenn wir die Neurowissenschaften hinter diesen Albträumen verstehen, können wir damit beginnen, Strategien zu entwickeln, um sie zu bewältigen, ihre Häufigkeit und Intensität zu reduzieren und letztendlich das Heiligtum des Schlafes zurückzuerobern.

Das Albtraum-Narrativ neu schreiben: Wie die Bildprobentherapie helfen kann

Albträume können ein besonders lähmendes Symptom eines Traumas sein und den Überlebenden das Gefühl geben, in einem nicht enden wollenden Kreislauf von Angst und Unruhe gefangen zu sein. Aber was wäre, wenn du die Kontrolle über deine Albträume übernehmen und die Erzählung neu schreiben könntest? Die Imagery Rehearsal Therapy (IRT) ist ein leistungsstarkes Werkzeug im TKVT-Toolkit, das Ihnen dabei helfen kann, genau das zu tun. Durch die Zusammenarbeit mit einem ausgebildeten Therapeuten können Sie lernen, die Reaktion Ihres Gehirns auf Albträume neu zu gestalten und neu zu verdrahten und deren Häufigkeit und Intensität zu reduzieren.

Die Imagery Rehearsal Therapy ist eine sanfte, aber effektive Technik, bei der es darum geht, das Albtraumszenario auf eine neue, weniger belastende Weise neu zu erfinden. Dies kann ein herausfordernder Prozess sein, da er die Konfrontation und Überarbeitung der traumatischen Erinnerungen, die die Albträume antreiben, erfordert. Aber unter der Anleitung eines ausgebildeten Therapeuten können Sie lernen, sich diesen Erinnerungen in einer sicheren und kontrollierten Umgebung zu nähern. Das Ziel der IRT ist es nicht, das Trauma noch einmal zu erleben, sondern die Reaktion Ihres Gehirns darauf neu zu verdrahten.

Der Prozess der IRT beginnt in der Regel mit einer gründlichen Bewertung Ihrer Albträume, einschließlich ihres Inhalts, ihrer Häufigkeit und ihrer Auswirkungen auf Ihr tägliches Leben. Ihr Therapeut wird mit Ihnen zusammenarbeiten, um die zugrunde liegenden Themen und Emotionen zu identifizieren, die die Albträume antreiben, und Ihnen helfen, eine neue, weniger belastende Erzählung zu entwickeln, die die alte ersetzen kann. Bei dieser neuen Erzählung geht es nicht darum, das Trauma auszulöschen, sondern darum, es auf eine Weise neu zu gestalten, die weniger belastend und mehr ermächtigend ist.

Während Sie den IRT-Prozess durchlaufen, lernen Sie, das Albtraumszenario auf eine neue, weniger bedrohliche Weise neu zu erfinden. Das kann bedeuten, dass du das Setting, die Charaktere oder den Ausgang des Albtraums ändern musst. Das Ziel ist es, eine neue Erzählung zu schaffen, die überschaubarer und weniger belastend ist und es Ihnen ermöglicht, die Kontrolle über Ihren Schlaf und Ihr Leben zurückzugewinnen. Wenn Ihr Albtraum beispielsweise in der Regel darin besteht, von einem Angreifer gejagt zu werden, können Sie sich das Szenario so vorstellen, dass Sie sich an einem sicheren Ort befinden, umgeben von unterstützenden Angehörigen, und der Angreifer nicht in der Lage ist, Ihnen etwas anzutun.

Durch IRT können Sie lernen, die Reaktion Ihres Gehirns auf traumatische Erinnerungen neu zu verdrahten und so die Häufigkeit und Intensität von Albträumen zu reduzieren. Es geht nicht darum, die Erinnerungen zu verdrängen oder zu vermeiden, sondern darum, sie auf eine Weise neu zu gestalten, die weniger belastend und mehr ermächtigend ist. Durch die Zusammenarbeit mit einem ausgebildeten Therapeuten können Sie die Kontrolle über Ihre Albträume übernehmen und ruhiger schlafen, erfrischter aufwachen und mehr Kontrolle über Ihr Leben haben.

Während Sie den IRT-Prozess durchlaufen, stellen Sie möglicherweise fest, dass sich Ihre Albträume zu verändern beginnen und seltener und weniger intensiv werden. Möglicherweise stellen Sie auch fest, dass Sie tagsüber besser mit Stress und Ängsten umgehen können, da die traumatischen Erinnerungen, die die Albträume ausgelöst haben, allmählich ihren Einfluss auf Sie verlieren. Dies ist ein eindrucksvoller Beweis für die Wirksamkeit von

IRT und eine Erinnerung daran, dass Sie sich nicht von Ihren Albträumen kontrollieren lassen müssen. Mit den richtigen Tools und Unterstützung können Sie die Kontrolle über Ihren Schlaf und Ihr Leben zurückgewinnen.

Holen Sie sich Ihren Schlaf zurück: Praktische Schritte, um Ihre Träume zu beruhigen

Schlaf ist ein grundlegendes menschliches Bedürfnis, doch für viele Überlebende sexueller Übergriffe kann er eher eine Quelle von Stress als von Ruhe sein. Albträume und Flashbacks können selbst die besten Absichten, gut zu schlafen, durchkreuzen und Sie sich erschöpft, ängstlich und verletzlich fühlen. Aber es gibt Hoffnung. Indem Sie kleine, bewusste Schritte unternehmen, können Sie beginnen, Ihren Schlaf zurückzugewinnen und zu lernen, mit den belastenden Träumen umzugehen, die möglicherweise noch nachwirken.

Zunächst ist es wichtig, eine schlaffördernde Umgebung zu schaffen. Das bedeutet, dass Sie einen Rückzugsort im Schlafzimmer schaffen, der Ihrem Gehirn signalisiert, dass es Zeit ist, sich zu entspannen und zu entspannen. Erwägen Sie, Ihr Schlafzimmer zu einer technologiefreien Zone zu machen, frei vom Leuchten der Bildschirme und dem ständigen Ping von Benachrichtigungen. Investieren Sie in Verdunkelungsvorhänge, Ohrstöpsel oder eine Maschine mit weißem Rauschen, um externe Ablenkungen auszublenden. Machen Sie Ihr Bett zu einer Oase mit einer bequemen Matratze, Kissen und Decken, die zum Entspannen einladen.

Entwickeln Sie als Nächstes eine beruhigende Routine vor dem Schlafengehen, die Ihrem Gehirn signalisiert, dass es Zeit zum Schlafen ist. Dazu gehören Aktivitäten wie das Lesen eines Buches, ein warmes Bad oder sanfte Dehnübungen oder Meditation. Vermeiden Sie stimulierende Aktivitäten wie Fernsehen oder Scrollen durch Ihr Telefon, da diese Ihre Einschlaffähigkeit beeinträchtigen können. Entscheiden Sie sich stattdessen für Aktivitäten, die Entspannung und Ruhe fördern. Du könntest auch in Erwägung ziehen, ein Traumtagebuch zu führen, um deine Albträume zu verfolgen und Muster oder Auslöser zu identifizieren.

Wenn es darum geht, mit belastenden Träumen umzugehen, ist es wichtig, sich ihnen mit Freundlichkeit und Mitgefühl zu nähern. Anstatt zu versuchen, deine Albträume zu unterdrücken oder zu vermeiden, versuche, dich ihnen mit Neugier zu nähern. Fragen Sie sich: "Was versucht mein Gehirn zu verarbeiten?" oder "Was versucht mir dieser

Traum zu sagen?" Indem du deine Albträume anerkennst und erforschst, kannst du beginnen, die zugrunde liegenden Emotionen und Themen zu verstehen, die sie antreiben könnten. Dies kann dir helfen, ein größeres Gefühl der Kontrolle und Entscheidungsfreiheit über deine Träume zu entwickeln, anstatt das Gefühl zu haben, dass sie dich kontrollieren.

Zusätzlich zu diesen praktischen Schritten ist es auch wichtig, der Selbstfürsorge Priorität einzuräumen und Unterstützung von Angehörigen, Therapeuten oder Selbsthilfegruppen zu suchen. Wenn du deine Erfahrungen und Gefühle mit anderen teilst, kannst du dein Trauma verarbeiten und integrieren und die Intensität und Häufigkeit von Albträumen reduzieren. Denke daran, dass du dich deinen Albträumen nicht alleine stellen musst. Es gibt Menschen, die sich um dich kümmern und helfen wollen. Indem Sie kleine Schritte unternehmen, um Ihren Schlaf zurückzugewinnen, und bei Bedarf Unterstützung suchen, können Sie beginnen zu heilen und Frieden zu finden, selbst inmitten von belastenden Träumen.

Kapitel 3

Hypervigilanz: Das Alarmsystem des Körpers läuft auf Hochtouren

Hast du jemals das Gefühl gehabt, ständig "nervös" zu sein, als würdest du darauf warten, dass der andere Schuh fällt oder etwas Schlimmes passiert? Dieses Gefühl, ständig in höchster Alarmbereitschaft zu sein, wird als Hypervigilanz bezeichnet und ist eine häufige Erfahrung für viele Überlebende sexueller Übergriffe. Hypervigilanz ist, als ob das Alarmsystem Ihres Körpers in der "Ein"-Position feststeckt, was es schwierig macht, sich zu entspannen oder sich sicher zu fühlen.

Wenn Sie ein Trauma erlebt haben, ist die natürliche Reaktion Ihres Körpers, in den "Kampf-oder-Flucht"-Modus zu wechseln und Stresshormone wie Adrenalin und Cortisol freizusetzen, um Ihnen zu helfen, auf die Gefahr zu reagieren. Aber für Überlebende sexueller Übergriffe kann diese Reaktion stecken bleiben, so dass Sie das Gefühl haben, ständig in höchster Alarmbereitschaft zu sein, selbst wenn keine offensichtliche Gefahr besteht. Dies kann anstrengend sein und es schwierig machen, zu schlafen, sich zu konzentrieren oder alltägliche Aktivitäten zu genießen. Vielleicht scannst du ständig deine Umgebung, suchst nach potenziellen Bedrohungen oder Gefahren oder hast das Gefühl, dass du immer "auf der Hut" bist, wenn etwas Schlimmes passiert.

Diese Hypervigilanz kann selbst durch die kleinsten Dinge ausgelöst werden - ein plötzliches Geräusch, ein bestimmter Geruch oder ein bestimmter Ort. Dein Körper versucht, dich vor möglichen Schäden zu schützen, aber dabei macht er es dir auch schwer, dich sicher oder entspannt zu fühlen. Es ist, als würde dein Körper dir ständig "Sei vorsichtig, sei vorsichtig" ins Ohr flüstern, was es schwierig macht, das Alarmsystem auszuschalten und sich in Frieden zu fühlen.

Es ist wichtig, sich daran zu erinnern, dass Hypervigilanz kein Zeichen von Schwäche oder persönlichem Versagen ist. Es ist eine natürliche Reaktion auf ein Trauma, und es ist nicht etwas, aus dem man einfach "ausbrechen" oder "überwinden" kann. Mit der richtigen Unterstützung und den richtigen Werkzeugen können Sie jedoch lernen, Ihre Hypervigilanz zu bewältigen und Wege zu finden, das Alarmsystem Ihres Körpers zu beruhigen. Dies kann das Erlernen von Entspannungstechniken wie tiefes Atmen oder progressive Muskelentspannung beinhalten oder die Zusammenarbeit mit einem Therapeuten, um Ihr Trauma zu verarbeiten und Bewältigungsstrategien zu entwickeln. Indem du deine Hypervigilanz anerkennst und ansprichst, kannst du dich geerdeter und kontrollierter fühlen, selbst inmitten herausfordernder Situationen.

Wenn das Alarmsystem des Körpers auf Hochtouren läuft

Wenn wir ein Trauma erleben, läuft das Alarmsystem unseres Körpers auf Hochtouren. Dies liegt daran, dass die Amygdala unseres Gehirns, das emotionale Zentrum, das für die Erkennung von Bedrohungen verantwortlich ist, überempfindlich auf potenzielle Gefahren reagiert. Es ist, als ob das Alarmsystem in höchster Alarmbereitschaft steht und die Umgebung ständig nach Anzeichen von Gefahren absucht. Dies kann dazu führen, dass sich die Welt wie ein sehr unsicherer Ort anfühlt, selbst wenn keine wirkliche Bedrohung vorhanden ist. Es kann sein, dass du ständig nervös bist, beim geringsten Geräusch oder der geringsten Bewegung aufspringst oder dich fühlst, als würdest du auf

Eierschalen laufen und darauf warten, dass der andere Schuh herunterfällt.

Dieser ständige Zustand der Hypervigilanz kann sowohl körperlich als auch emotional anstrengend sein. Ihr Körper schüttet ständig Stresshormone wie Adrenalin und Cortisol aus, die Ihren Schlaf, Ihren Appetit und Ihre Stimmung stören können. Vielleicht haben Sie das Gefühl, ständig "eingeschaltet" zu sein und das Alarmsystem nicht ausschalten zu können, egal wie sehr Sie es versuchen. Es ist, als ob Ihr Körper in einem ständigen Zustand von "Kampf oder Flucht" feststeckt und bereit ist, jederzeit auf jede wahrgenommene Bedrohung zu reagieren. Dies kann besonders für Überlebende sexueller Übergriffe eine Herausforderung sein, die das Gefühl haben, dass ihr Körper sie betrogen hat oder dass sie ständig Gefahr laufen, erneut verletzt zu werden.

Aber die Sache ist die: Diese Hypervigilanz ist kein Zeichen von Schwäche oder persönlichem Versagen. Es ist einfach die Art und Weise, wie dein Körper versucht, dich zu schützen. Das Problem ist, dass dieses Alarmsystem überaktiv geworden ist und auf Bedrohungen reagiert, die nicht wirklich da sind. Es ist, als ob der "Rauchmelder" des Körpers zu empfindlich geworden ist und beim geringsten Rauchhauch losgeht, selbst wenn es kein echtes

Feuer gibt. Wenn Sie die Biologie hinter dieser Reaktion verstehen, können Sie Schritte unternehmen, um das Alarmsystem zu beruhigen und ein Gefühl der Sicherheit und Kontrolle über Ihren Körper wiederzuerlangen.

Eine Möglichkeit, darüber nachzudenken, besteht darin, sich das Alarmsystem Ihres Körpers als Autoalarm vorzustellen. Wenn du ein Trauma erlebst, ist es, als hätte jemand den Alarm ausgelöst und er lässt sich nicht aus. Der Alarm soll Sie vor potenziellen Bedrohungen warnen, aber in diesem Fall ist er überaktiv geworden und reagiert auf falsche Bedrohungen. Indem Sie lernen, das Alarmsystem zu beruhigen, können Sie sich sicherer fühlen und mehr Kontrolle über Ihren Körper haben. Dies kann das Üben von Entspannungstechniken wie tiefes Atmen oder progressive Muskelentspannung beinhalten, um das Nervensystem zu beruhigen. Es kann auch die Zusammenarbeit mit einem Therapeuten beinhalten, um das Trauma zu verarbeiten und die Reaktion des Gehirns auf wahrgenommene Bedrohungen neu zu verdrahten.

Die Auswirkungen der Hypervigilanz

Hypervigilanz kann inmitten eines traumatischen Ereignisses ein Lebensretter sein, aber wenn sie zu einem ständigen Zustand wird, kann sie weitreichende Folgen für jeden Aspekt Ihres Lebens haben. Stell dir vor, du bist ständig "nervös", wartest darauf, dass der andere Schuh herunterfällt, und fühlst dich nie wirklich sicher oder entspannt. So ist es, mit Hypervigilanz zu leben. Es ist, als hätte man eine ständige Alarmanlage, die es schwierig macht, sich zu konzentrieren, zu entspannen oder die einfachen Freuden des Lebens zu genießen.

Wenn du hyperwachsam bist, können Beziehungen leiden. Du könntest dich zurückziehen und soziale Interaktionen oder intime Verbindungen meiden, weil du zu "auf der Hut" bist, um deine Wachsamkeit im Stich zu lassen. Möglicherweise haben Sie das Gefühl, dass Sie Ihre Umgebung ständig nach potenziellen Bedrohungen durchsuchen, was es schwierig macht, mit Ihren Lieben präsent zu sein. Deine Beziehungen können sich oberflächlich anfühlen, da du Schwierigkeiten hast, dich auf einer tieferen Ebene mit anderen zu verbinden. Vielleicht fangen Sie sogar an, Leute wegzustoßen, weil sie befürchten, dass sie Ihre Schwachstellen entdecken oder Ihr Vertrauen ausnutzen. Es ist eine einsame und isolierende Erfahrung, aber sie ist nicht ungewöhnlich für Überlebende von Traumata.

Hypervigilanz kann sich auch auf Ihre Arbeit und Ihre täglichen Aktivitäten auswirken. Es kann schwierig sein, sich auf Aufgaben zu konzentrieren, da Ihr Geist ständig mit potenziellen Bedrohungen oder Gefahren beschäftigt ist. Sie können leicht abgelenkt, gereizt oder unruhig werden, was es schwierig macht, Aufgaben zu erledigen oder Fristen einzuhalten. Ihre Arbeitsleistung kann darunter leiden, und Sie könnten das Gefühl haben, dass Sie nur "die Bewegungen durchlaufen", anstatt sich wirklich mit Ihrer Arbeit zu beschäftigen. Selbst einfache Aufgaben wie Lebensmitteleinkäufe oder Besorgungen können überwältigend und angsteinflößend werden. Du könntest anfangen, bestimmte Situationen oder Orte zu meiden, weil du befürchtest, dass sie eine traumatische Reaktion auslösen.

Auch die Lebensqualität kann unter der Hypervigilanz leiden. Vielleicht hast du das Gefühl, nur zu existieren, anstatt wirklich zu leben. Du könntest Aktivitäten vermeiden, die dir Freude bereiten, weil du befürchtest, dass du dich dadurch zu verletzlich oder exponiert fühlst. Dein Sinn und deine Identität können eher mit deinem Trauma als mit deinen Leidenschaften, Werten oder Interessen verbunden sein. Du könntest das Gefühl haben, dass du dich in dem Prozess verlierst, in Sicherheit zu bleiben. Es ist eine schwere Last, aber es ist nicht ungewöhnlich für Überlebende von Traumata.

Es ist wichtig, sich daran zu erinnern, dass Hypervigilanz ein Bewältigungsmechanismus und kein dauerhafter Seinszustand ist. Mit der richtigen

Unterstützung, den richtigen Tools und Strategien können Sie lernen, Ihre Hypervigilanz zu bewältigen und Ihr Leben zurückzugewinnen. Sie können lernen, die körperlichen und emotionalen Signale zu erkennen, die Hypervigilanz signalisieren, und Techniken entwickeln, um Ihr Nervensystem zu beruhigen. Sie können damit beginnen, Ihr Gefühl der Sicherheit und des Vertrauens wieder aufzubauen, nicht nur gegenüber anderen, sondern auch mit sich selbst. Die vor Ihnen liegende Reise wird nicht einfach sein, aber mit Geduld, Mitgefühl und Unterstützung können Sie lernen, ein ausgeglicheneres, erfüllteres Leben zu führen, selbst inmitten von Traumata.

Wie TKVT Ihnen helfen kann, ein Gefühl der Sicherheit wiederzuerlangen

Für viele Überlebende sexueller Übergriffe kann Hypervigilanz ein ständiger Begleiter sein, ein nagendes Gefühl der Wachsamkeit, das nicht nachlässt. Es ist, als ob das Alarmsystem des Körpers in höchster Alarmbereitschaft steckt, immer auf der Suche nach potenziellen Bedrohungen, immer bereit, in Aktion zu treten. Dieser Zustand der Übererregung kann anstrengend sein und es schwierig machen, sich zu entspannen, zu schlafen oder alltägliche Aktivitäten auszuführen, ohne das

Gefühl zu haben, auf Eierschalen zu laufen. Aber es gibt Hoffnung. Durch die traumafokussierte kognitive Verhaltenstherapie (TKVT) können Überlebende lernen, dieses erhöhte Gefühl der Wachsamkeit zu reduzieren und ein Gefühl der Sicherheit und Geborgenheit in ihrem täglichen Leben wiederzuerlangen.

Eine der wichtigsten Möglichkeiten, wie TKVT Überlebenden hilft, Hypervigilanz zu überwinden, besteht darin, ihnen beizubringen, sich ihrer Gedanken, Gefühle und körperlichen Empfindungen bewusster zu werden. Dieses erhöhte Bewusstsein, das als Achtsamkeit bezeichnet wird, ermöglicht es den Überlebenden, besser zu verstehen, was ihre Hypervigilanz antreibt, und effektivere Bewältigungsstrategien zu entwickeln. Indem sie auf ihre Gedanken und Emotionen achten, können Überlebende beginnen, Muster und Auslöser zu erkennen, die zu ihrer Hypervigilanz beitragen. Zum Beispiel können sie bemerken, dass sie sich nervöser fühlen, wenn sie sich an überfüllten Orten aufhalten oder wenn sie bestimmte Geräusche hören. Indem sie sich dieser Auslöser bewusster werden, können Überlebende beginnen, Strategien zu entwickeln, um mit ihnen umzugehen, z. B. überfüllte Orte zu meiden oder Ohrstöpsel zu verwenden, um auslösende Geräusche auszublenden.

Eine weitere Möglichkeit, wie TKVT Überlebenden hilft, Hypervigilanz zu reduzieren, besteht darin, ihnen Entspannungstechniken beizubringen. Tiefes Atmen, progressive Muskelentspannung und Visualisierung sind nur einige der vielen Techniken, die helfen können, Körper und Geist zu beruhigen. Durch regelmäßiges Üben dieser Techniken können Überlebende beginnen, ihr allgemeines Gefühl von Anspannung und Angst zu reduzieren, was es einfacher macht, ihre Hypervigilanz zu bewältigen. Zum Beispiel kann ein Überlebender lernen, tiefe Atemübungen zu machen, um sich zu beruhigen, wenn er sich überfordert oder ängstlich fühlt. Indem sie sich auf ihren Atem konzentrieren, können sie beginnen, ihren Körper und Geist zu beruhigen und ihr Gefühl der Hypervigilanz zu reduzieren.

TKVT hilft Überlebenden auch, negative Gedanken und Annahmen in Frage zu stellen, die zu ihrer Hypervigilanz beitragen. Bei vielen Überlebenden wird Hypervigilanz durch negative Gedanken und Annahmen über sich selbst und die Welt um sie herum angeheizt. Zum Beispiel kann ein Überlebender glauben, dass er in ständiger Gefahr ist oder dass er nicht sicher ist. Indem sie diese Gedanken und Annahmen in Frage stellen, können Überlebende beginnen, ihr Gefühl der Hypervigilanz zu verringern und eine ausgewogenere und realistischere Sicht auf die Welt zu entwickeln.

Zum Beispiel kann ein Überlebender lernen, seine negativen Gedanken in Frage zu stellen, indem er sich Fragen stellt wie "Ist dieser Gedanke wirklich wahr?" oder "Gibt es einen anderen Weg, diese Situation zu betrachten?"

Zusätzlich zu diesen Techniken hilft TKVT den Überlebenden auch, ein größeres Gefühl der Kontrolle und Beherrschung ihrer Umgebung zu entwickeln. Bei vielen Überlebenden wird die Hypervigilanz durch ein Gefühl der Machtlosigkeit und des Mangels an Kontrolle genährt. Durch das Erlernen von Fähigkeiten wie Problemlösung und Selbstfürsorge kann TKVT ihnen helfen, wieder ein Gefühl der Kontrolle und Beherrschung ihres Lebens zu erlangen. Zum Beispiel kann ein Überlebender lernen, Problemlösungsfähigkeiten zu nutzen, um bestimmte Situationen anzugehen, die seine Hypervigilanz auslösen, wie z. B. die Entwicklung eines Sicherheitsplans für den Fall, dass er sich an überfüllten Orten aufhält. Wenn sie einen Plan haben, können sie sich mehr unter Kontrolle und weniger ängstlich fühlen.

Darüber hinaus kann TKVT auch Überlebenden helfen, ein größeres Gefühl von Selbstmitgefühl und Selbstfürsorge zu entwickeln. Bei vielen Überlebenden wird die Hypervigilanz durch Selbstkritik und Selbstvorwürfe befeuert. Indem TKVT den Überlebenden beibringt, Selbstmitgefühl und Selbstfürsorge zu üben, kann sie ihnen helfen, eine positivere und unterstützende Beziehung zu sich selbst zu entwickeln. Zum Beispiel kann ein Überlebender lernen, sich selbst zu pflegen, indem er sich an Aktivitäten beteiligt, die ihm Freude und Entspannung bringen, wie z. B. ein warmes Bad zu nehmen oder beruhigende Musik zu hören. Indem sie ihre eigenen Bedürfnisse und ihr Wohlbefinden in den Vordergrund stellen, können sie beginnen, ihr Gefühl der Hypervigilanz zu reduzieren und ein größeres Gefühl der Ruhe und des Wohlbefindens zu entwickeln.

Schließlich kann TKVT auch Überlebenden helfen, ein größeres Gefühl der Verbundenheit und Unterstützung zu entwickeln. Für viele Überlebende kann Hypervigilanz eine sehr isolierende Erfahrung sein, die ihnen das Gefühl gibt, die einzigen zu sein, die zu kämpfen haben. Durch die Verbindung mit anderen, die ähnliche Erfahrungen gemacht haben, können sich die Überlebenden weniger allein und mehr unterstützt fühlen. Zum Beispiel kann ein Überlebender einer Selbsthilfegruppe beitreten oder mit einem Therapeuten sprechen, der sich auf Traumata spezialisiert hat. Indem sie ihre Erfahrungen teilen und sich mit anderen verbinden, können sie beginnen, ein Gefühl der Sicherheit und Geborgenheit zu empfinden und ihr Gefühl der Hypervigilanz zu verringern.

Durch die Integration dieser Techniken in ihr tägliches Leben können die Überlebenden beginnen, ihr Gefühl der Hypervigilanz zu verringern und ein Gefühl der Sicherheit und Geborgenheit wiederzuerlangen. Es ist eine Reise, die Zeit, Geduld und Unterstützung erfordert, aber mit TKVT können Überlebende lernen, mit ihrer Hypervigilanz umzugehen und ein friedlicheres und erfüllteres Leben zu führen.

Teil 2

Kernkomponenten der traumafokussierten KVT

Kognitive Umstrukturierung: Die Geschichte, die Sie sich selbst erzählen, verändern

Für viele Überlebende sexueller Übergriffe kann diese Erfahrung einen bleibenden Einfluss auf ihre Gedanken, Gefühle und Verhaltensweisen haben. Eine der häufigsten Auswirkungen von Traumata ist die Entwicklung negativer Überzeugungen über sich selbst, andere und die Welt. Diese negativen Glaubenssätze können unglaublich schädlich sein und zu Schamgefühlen, Schuldgefühlen und Selbstvorwürfen führen. Aber die gute Nachricht ist, dass diese Überzeugungen nicht in Stein gemeißelt sind. Durch die traumafokussierte kognitive Verhaltenstherapie (TKVT) können Überlebende lernen, diese negativen Glaubenssätze zu hinterfragen und zu verändern und eine ausgewogenere und realistischere Sicht auf sich selbst und ihre Erfahrungen zu entwickeln.

Die kognitive Umstrukturierung ist ein mächtiges Instrument, das in der TKVT eingesetzt wird, um Überlebenden zu helfen, negative Denkmuster zu erkennen und zu hinterfragen. Dieser Prozess beinhaltet, sich der Gedanken und Überzeugungen bewusst zu werden, die ihre Emotionen und Verhaltensweisen antreiben, und dann zu lernen, sie auf eine positivere und realistischere Weise neu zu formulieren. Zum Beispiel kann ein Überlebender glauben, dass er an dem Übergriff schuld ist oder dass er irgendwie fehlerhaft oder fehlerhaft ist. Durch kognitive Umstrukturierung können sie lernen, diese Überzeugungen in Frage zu stellen, indem sie die Beweise untersuchen und ausgewogenere und realistischere Gedanken entwickeln. Sie können zum Beispiel lernen, sich selbst zu sagen: "Ich bin nicht schuld an dem Übergriff. Es war nicht meine Schuld. Ich bin ein Überlebender, und ich bin stark und fähig."

Eine der wichtigsten Möglichkeiten, wie TKVT Überlebenden hilft, negative Überzeugungen in Frage zu stellen, besteht darin, kognitive Verzerrungen zu erkennen und zu hinterfragen. Kognitive Verzerrungen sind negative Denkmuster, die nicht auf der Realität basieren, sich aber für den Überlebenden unglaublich real anfühlen können. Zum Beispiel kann ein Überlebender in einem Alles-oder-Nichts-Denken verfallen und glauben, dass er entweder vollständig für den Übergriff verantwortlich oder völlig unschuldig ist. Sie können sich auch in Übergeneralisierungen verwickeln und glauben, dass alle Menschen nicht vertrauenswürdig sind, weil eine Person sie verletzt hat. Indem sie sich dieser kognitiven Verzerrungen bewusst werden, können Überlebende lernen, sie in Frage zu stellen und ausgewogenere und realistischere Gedanken zu entwickeln.

Eine weitere Möglichkeit, wie TKVT Überlebenden hilft, negative Überzeugungen in Frage zu stellen, besteht darin, die Beweise zu untersuchen. Oft basieren negative Glaubenssätze auf unvollständigen oder ungenauen Informationen. Durch die Auseinandersetzung mit den Fakten der Situation können Überlebende lernen, ihre negativen Überzeugungen in Frage zu stellen und realistischere Gedanken zu entwickeln. Zum Beispiel kann ein Überlebender glauben, dass er in der Lage gewesen wäre, den Übergriff zu verhindern. Wenn sie sich jedoch die Fakten der Situation ansehen, erkennen sie möglicherweise, dass sie alles in ihrer Macht Stehende getan haben, um sicher zu bleiben, und dass der Angriff nicht ihre Schuld war.

TKVT hilft Überlebenden auch, eine mitfühlendere und realistischere Sicht auf sich selbst und ihre Erfahrungen zu entwickeln. Dazu gehört, dass wir lernen, Selbstmitgefühl und Selbstfreundlichkeit zu üben, anstatt Selbstkritik und Selbstvorwürfe. Indem sie sich selbst mit Freundlichkeit und Mitgefühl behandeln, können die Überlebenden beginnen, zu heilen und ihr Trauma hinter sich zu lassen. Ein Überlebender kann zum Beispiel lernen, sich selbst zu sagen: "Ich tue mein Bestes, und das ist genug. Ich bin stark und fähig, und ich kann das durchstehen."

Durch kognitive Umstrukturierung können Überlebende lernen, negative Glaubenssätze, die sich als Folge ihres Traumas entwickelt haben, in Frage zu stellen und zu verändern. Dies ist ein kraftvoller Prozess, der Überlebenden helfen kann, eine ausgewogenere und realistischere Sicht auf sich selbst und ihre Erfahrungen zu entwickeln. Durch die Zusammenarbeit mit einem ausgebildeten Therapeuten können Überlebende lernen, negative Denkmuster zu erkennen und zu hinterfragen, die Beweise zu untersuchen und eine mitfühlendere und realistischere Sicht auf sich selbst zu entwickeln.

Das Gewicht von Scham und Schuld

Für viele Überlebende sexueller Übergriffe können die Nachwirkungen des Traumas genauso schmerzhaft sein wie das Ereignis selbst. Die emotionalen Auswirkungen können überwältigend sein, wobei Gefühle von Scham, Schuld und Selbstvorwürfen zu den häufigsten und lähmendsten

Emotionen gehören. Es ist, als wäre der Verstand des Überlebenden eine Leinwand und das Trauma ein Pinsel, der seine gesamte Welt mit dunklen, verzerrten Gedanken färbt. Diese Gedanken können unglaublich überzeugend sein und machen es den Überlebenden schwer, zwischen Fakt und Fiktion zu unterscheiden. Die Wahrheit ist, dass diese Gedanken oft auf verzerrten Wahrnehmungen beruhen und emotionales Leiden verlängern können, wenn sie nicht kontrolliert werden.

Wenn ein Überlebender Gefühle von Scham, Schuld oder Selbstvorwürfen verinnerlicht, ist es, als würde er eine schwere Last tragen, die ihn ständig niederdrückt. Sie fangen vielleicht an zu glauben, dass sie irgendwie für den Angriff verantwortlich sind, dass sie etwas anders hätten machen sollen oder dass sie in irgendeiner Weise fehlerhaft sind. Diese Gedanken können unglaublich schädlich sein und es den Überlebenden schwer machen, sich der Liebe, des Respekts oder des Glücks würdig zu fühlen. Sie fangen vielleicht an, soziale Situationen, intime Beziehungen oder sogar alltägliche Aktivitäten zu meiden, weil sie das Gefühl haben, nicht gut genug zu sein. Es ist ein Teufelskreis, aus dem man sich nur schwer befreien kann, aber es ist wichtig zu erkennen, dass diese Gedanken nicht auf der Realität basieren. Sie sind ein Produkt des Traumas, eine Art und Weise, zu versuchen, etwas zu verstehen, das keinen Sinn ergibt. Indem sie diese Gedanken anerkennen und in Frage stellen, können Überlebende beginnen, sich von der Last der Scham und Schuld zu befreien.

Eine der größten Herausforderungen, mit denen Überlebende konfrontiert sind, ist die Tendenz, das Trauma zu personalisieren. Sie glauben vielleicht, dass der Angriff ein Spiegelbild ihres Wertes war, dass sie irgendwie schuld waren oder dass sie in irgendeiner Weise fehlerhaft sind. Aber die Wahrheit ist, dass es bei dem Angriff nicht um sie ging; Es ging um die Handlungen und Entscheidungen des Täters. Indem sie dies erkennen, können Überlebende beginnen, ihren Fokus weg von Selbstvorwürfen und hin zu Heilung und Genesung zu verlagern.

Eine weitere Möglichkeit, wie Überlebende Scham und Schuld verinnerlichen, besteht darin, das Trauma in ihren Köpfen abzuspielen. Sie können den Übergriff noch einmal durchleben und jedes Detail, jedes Geräusch, jeden Geruch wieder aufwärmen. Dies kann eine Möglichkeit sein, das Trauma zu verarbeiten, aber es kann auch unglaublich schädlich sein. Durch das Wiedererleben des Traumas können die Überlebenden in einem Kreislauf von Schmerz und Leid stecken bleiben, was es schwierig macht, weiterzumachen. Es ist wichtig zu erkennen, dass diese Art des Grübelns nicht hilfreich ist und das emotionale Leiden tatsächlich verlängern kann.

Es ist auch üblich, dass Überlebende lang genug bleiben, und ihr Verhalten muss bescheiden sein, sonst ist sie irgendwie für den Übergriff verantwortlich. Diese Art von Gedanken ist nicht nur schädlich, sondern auch unfair. Sie basieren auf gesellschaftlichen Erwartungen und Stereotypen, die nicht nur überholt, sondern auch verletzend sind. Indem sie diese Gedanken erkennen und hinterfragen, können Überlebende beginnen, sich von der Last von Scham und Schuld zu befreien.

Die Wahrheit ist, dass die Überlebenden in ihren Kämpfen nicht allein sind. Viele Menschen sind in ihren Schuhen gegangen, und viele sind auf der anderen Seite stärker und weiser daraus hervorgegangen. Indem sie erkennen, dass sie nicht allein sind, können die Überlebenden ein Gefühl der Hoffnung und Verbundenheit verspüren. Sie können anfangen zu erkennen, dass ihre Gedanken nicht einzigartig sind, dass sie ein Produkt des Traumas sind und dass sie verändert werden können.

Indem sie verzerrte Gedanken anerkennen und in Frage stellen, können Überlebende beginnen, sich von der Last von Scham und Schuld zu befreien. Es ist eine Reise, die Zeit, Geduld und Unterstützung erfordert, aber es ist möglich. Mit den richtigen Werkzeugen und Ressourcen können Überlebende lernen, ihre Gedanken neu zu formulieren und sich selbst und ihre Erfahrungen in einem neuen Licht zu sehen. Sie können anfangen zu heilen, sich zu erholen und vorwärts zu gehen, wobei sie die Last von Scham und Schuld hinter sich lassen.

Die Erzählung neu schreiben

Als Therapeut ist es ein entscheidender Teil des Heilungsprozesses, Überlebende dabei zu unterstützen, ihre negativen Selbstgespräche zu erkennen und neu zu gestalten. Wenn Überlebende von Traumata in einem Kreislauf von Selbstvorwürfen und Scham feststecken, kann es schwierig sein, ihnen zu helfen, zu erkennen, dass ihre Gedanken nicht unbedingt die Realität widerspiegeln. Mit Geduld, Einfühlungsvermögen und einer nicht wertenden Haltung können Therapeuten den Überlebenden jedoch helfen, ihre negativen Selbstgespräche neu zu gestalten und eine mitfühlendere und ausgewogenere Perspektive zu entwickeln.

Eine Möglichkeit, diesen Prozess zu beginnen, besteht darin, den Überlebenden zu helfen, sich ihrer Gedanken und Emotionen bewusster zu werden und zu erfahren, wie sie mit ihrem Trauma verbunden sind. Dies kann durch verschiedene Techniken wie Tagebuchschreiben, Achtsamkeit oder einfach durch das Sprechen über ihre Erfahrungen geschehen. Ein Überlebender kann zum Beispiel sagen: "Ich fühle mich so schuldig wegen dem, was passiert ist. Ich denke immer, dass es meine Schuld war." Ein Therapeut kann dem Überlebenden dann helfen, diesen Gedanken zu erforschen, indem er offene Fragen stellt wie: "Was meinst du mit 'es war meine Schuld'?" oder "Wie fühlst du dich, wenn du denkst, dass es deine Schuld war?"

Wenn der Betroffene beginnt, seine Gedanken und Emotionen zu erforschen, kann der Therapeut ihm helfen, Muster und Auslöser zu identifizieren, die zu seinen negativen Selbstgesprächen beitragen. Zum Beispiel kann der Überlebende erkennen, dass er dazu neigt, sich selbst die Schuld zu geben, wenn er sich ängstlich oder verängstigt fühlt. Der Therapeut kann dem Überlebenden dann helfen, ausgeglichenere und realistischere Gedanken zu entwickeln, wie z. B. "Ich fühle mich gerade ängstlich, aber das bedeutet nicht, dass es meine Schuld ist" oder "Ich habe einen Fehler gemacht, aber das definiert nicht meinen Wert als Person".

Eine weitere Möglichkeit, Überlebenden zu helfen, ihre negativen Selbstgespräche neu zu gestalten, besteht darin, ihnen beizubringen, wie sie

Selbstmitgefühl üben können. Dies kann erreicht werden, indem Sie sie ermutigen, auf freundliche und sanfte Weise mit sich selbst zu sprechen, so wie sie es mit einem engen Freund tun würden. Ein Überlebender kann zum Beispiel sagen: "Ich bin so dumm, dass ich die Zeichen nicht gesehen habe." Ein Therapeut kann dem Überlebenden dann helfen, diesen Gedanken neu zu formulieren, indem er sagt: "Du hast mit den Ressourcen, die du zu diesem Zeitpunkt hattest, das Beste getan, was du konntest. Es ist in Ordnung, Fehler zu machen."

Es ist auch wichtig, den Überlebenden zu helfen, zu verstehen, dass ihre Gedanken keine Fakten sind. Nur weil sie etwas denken, heißt das nicht, dass es wahr ist. Ein Therapeut kann den Überlebenden helfen, ein nuancierteres Verständnis ihrer Gedanken zu entwickeln, indem er ihnen beibringt, die Beweise für und gegen ihre negativen Selbstgespräche zu untersuchen. Ein Überlebender kann zum Beispiel sagen: "Ich bin ein schlechter Mensch, weil ich mich nicht gewehrt habe." Ein Therapeut kann dem Überlebenden dann helfen, die Beweise für und gegen diesen Gedanken zu untersuchen, indem er Fragen stellt wie: "Was würdest du einem Freund sagen, der sich in einer ähnlichen Situation befindet?" oder "Was sind andere Erklärungen dafür, warum du dich nicht gewehrt hast?"

Wenn Überlebende beginnen, ihre negativen Selbstgespräche neu zu formulieren und eine mitfühlendere und ausgewogenere Perspektive zu entwickeln, können sie beginnen, sich selbst und ihre Erfahrungen in einem neuen Licht zu sehen. Sie können anfangen zu verstehen, dass ihre Gedanken nicht ihren Wert als Person widerspiegeln und dass sie mit ihren Erfahrungen nicht allein sind. Mit Zeit, Geduld und Unterstützung können Überlebende lernen, Selbstvorwürfe durch Selbstmitgefühl zu ersetzen und eine positivere und realistischere Erzählung über sich selbst und ihre Erfahrungen zu entwickeln.

Eine der wirkungsvollsten Möglichkeiten, Überlebenden dabei zu helfen, ihre negativen Selbstgespräche neu zu gestalten, besteht darin, ihnen zu helfen, eine wachstumsorientierte Denkweise zu entwickeln. Das bedeutet, dass sie, anstatt sich selbst als starr und unveränderlich zu sehen, beginnen können, sich selbst als fähig zu wachsen, zu lernen und sich zu verändern. Ein Therapeut kann Überlebenden helfen, eine wachstumsorientierte Denkweise zu entwickeln, indem er sie ermutigt, Herausforderungen als Chancen für Wachstum und Entwicklung zu betrachten und nicht als Bedrohung für ihr Ego. Ein Überlebender kann zum Beispiel sagen: "Ich werde nie in der Lage sein, darüber hinwegzukommen."

Ein Therapeut kann dem Überlebenden dann helfen, diesen Gedanken neu zu formulieren, indem er sagt: "Du hast schon einmal Herausforderungen gemeistert, und du kannst es wieder tun. Was können Sie tun, um voranzukommen?"

Wenn der Therapeut weiterhin mit dem Überlebenden arbeitet, kann er ihm helfen, eine ausgewogenere und realistischere Erzählung über sich selbst und seine Erfahrungen zu entwickeln. Dies kann erreicht werden, indem die Überlebenden ermutigt werden, sich auf ihre Stärken und ihre Widerstandsfähigkeit zu konzentrieren, anstatt auf ihre Schwächen und vermeintlichen Misserfolge. Ein Überlebender kann zum Beispiel sagen: "Ich bin so schwach, weil ich mich nicht schützen kann." Ein Therapeut kann dem Überlebenden dann helfen, diesen Gedanken neu zu formulieren, indem er sagt: "Du bist eigentlich sehr stark dafür, das zu überleben, was du durchgemacht hast. Was hast du in dieser Zeit getan, um auf dich aufzupassen?"

Indem sie Überlebenden helfen, eine ausgewogenere und realistischere Erzählung über sich selbst und ihre Erfahrungen zu entwickeln, können Therapeuten sie befähigen, die Kontrolle über ihr Leben zu übernehmen und sich in eine positive Richtung zu bewegen.** Mit Zeit, Geduld und Unterstützung können Überlebende lernen,

Selbstvorwürfe durch Selbstmitgefühl zu ersetzen und eine positivere und realistischere Perspektive auf sich selbst und ihre Erfahrungen zu entwickeln.

Kapitel 5

Sich der Angst stellen: Allmähliche Exposition und sichere Verarbeitung von Traumata

Die allmähliche Exposition ist ein wirksames Instrument in der traumafokussierten kognitiven Verhaltenstherapie (TKVT), das Überlebenden hilft, sich mit ihren traumatischen Erfahrungen auseinanderzusetzen und sie zu überwinden. Bei diesem Prozess geht es nicht darum, die Überlebenden zu zwingen, ihr Trauma erneut zu durchleben, sondern darum, ein sicheres und kontrolliertes Umfeld zu schaffen, in dem sie sich ihren Ängsten stellen und ihre Erinnerungen auf gesunde Weise verarbeiten können. Als Therapeut erfordert die Begleitung von Überlebenden durch diesen Prozess Empathie, Verständnis und eine sanfte Herangehensweise.

Der Prozess der allmählichen Exposition beginnt mit dem Aufbau einer sicheren und unterstützenden Beziehung zwischen dem Therapeuten und dem

Überlebenden. Diese Beziehung basiert auf Vertrauen, Respekt und einem tiefen Verständnis für die Erfahrungen und Emotionen des Überlebenden. Sobald diese Grundlage geschaffen ist, kann der Therapeut damit beginnen, dem Überlebenden zu helfen, die traumatischen Erinnerungen und Emotionen zu identifizieren, die ihm Stress bereiten. Dies kann ein schwieriger und emotionaler Prozess sein, aber es ist wichtig, um dem Überlebenden zu helfen, ein besseres Verständnis für sein Trauma und seine Auswirkungen auf sein Leben zu entwickeln.

Wenn sich der Überlebende mit dem Prozess wohler fühlt, kann der Therapeut beginnen, schrittweise Expositionstechniken einzuführen. Dies kann bedeuten, dass der Betroffene gebeten wird, sich in eine Situation hineinzuversetzen, die seine traumatischen Erinnerungen auslöst, aber auf sichere und kontrollierte Weise. Wenn zum Beispiel ein Überlebender durch einen bestimmten Ort getriggert wird, kann der Therapeut ihn bitten, sich an diesem Ort vorzustellen, aber mit einer unterstützenden Person an seiner Seite. Dies kann dem Überlebenden helfen, seine traumatischen Erinnerungen in einer sicheren und kontrollierten Umgebung zu verarbeiten.

Eine weitere Technik, die bei der schrittweisen Exposition verwendet wird, ist die Erstellung einer

Hierarchie von Auslösern. Dabei arbeiten der Betroffene und der Therapeut zusammen, um eine Liste von Situationen, Emotionen oder Erinnerungen zu erstellen, die die traumatischen Reaktionen des Überlebenden auslösen. Die Liste wird dann von der geringsten bis zur am meisten belastenden eingestuft, und der Überlebende wird ermutigt, jeden Punkt auf der Liste abzuarbeiten, beginnend mit dem am wenigsten belastenden. Dies kann dem Überlebenden helfen, Selbstvertrauen aufzubauen und Bewältigungsfähigkeiten zu entwickeln, während er jeden Punkt auf der Liste abarbeitet.

Während des schrittweisen Expositionsprozesses bietet der Therapeut dem Überlebenden ein sicheres und unterstützendes Umfeld, um seine traumatischen Erinnerungen zu verarbeiten. Dies kann bedeuten, dass dem Überlebenden Entspannungstechniken wie tiefes Atmen oder progressive Muskelentspannung beigebracht werden, um ihm zu helfen, seine Ängste und Emotionen zu bewältigen. Der Therapeut kann auch emotionale Unterstützung und Bestätigung bieten, indem er die Erfahrungen und Emotionen des Überlebenden anerkennt und ihm hilft, ein größeres Gefühl des Selbstmitgefühls zu entwickeln.

Während der Überlebende den allmählichen Expositionsprozess durcharbeitet, beginnt er, ein größeres Gefühl der Kontrolle und Meisterschaft über seine traumatischen Erinnerungen zu entwickeln. Sie lernen, ihre Auslöser zu erkennen und Bewältigungsfähigkeiten zu entwickeln, um mit ihren Emotionen und Ängsten umzugehen. Dies kann eine kraftvolle und ermächtigende Erfahrung sein, da der Überlebende zu erkennen beginnt, dass er nicht von seinen traumatischen Erinnerungen kontrolliert wird, sondern die Kraft hat, sich ihnen zu stellen und sie zu überwinden.

Der Prozess der schrittweisen Exposition ist kein Einheitsansatz. Die Erfahrung jedes Überlebenden ist einzigartig, und der Therapeut muss sensibel für seine individuellen Bedürfnisse und Emotionen sein. Der Therapeut muss sich auch der Grenzen und Grenzen des Überlebenden bewusst sein und bereit sein, den Prozess bei Bedarf anzupassen. Mit Geduld, Einfühlungsvermögen und Verständnis kann der allmähliche Expositionsprozess ein wirksames Instrument sein, um Überlebenden zu helfen, sich ihren traumatischen Erfahrungen zu stellen und sie zu überwinden.

Warum kurzfristige Linderung eine langfristige Heilung verhindern kann

Es ist völlig verständlich, dass du es vermeiden möchtest, an die traumatischen Erinnerungen zu denken, die dir so viel Schmerz bereiten. Wer würde nicht gerne den Gefühlen der Angst, Furcht und Traurigkeit entkommen, die immer dann zurückkommen, wenn diese Erinnerungen auftauchen? Das Vermeiden dieser Erinnerungen mag wie eine Möglichkeit erscheinen, eine dringend benötigte Pause von den emotionalen Turbulenzen zu bekommen, und kurzfristig könnte es sogar eine gewisse Erleichterung bringen. Vielleicht haben Sie das Gefühl, dass Sie in der Lage sind, dem emotionalen Schmerz vorübergehend zu entfliehen und mit Ihrem täglichen Leben fortzufahren.

Das Problem bei der Vermeidung ist jedoch, dass es sich nur um eine vorübergehende Lösung handelt. Indem du deine Erinnerungen vermeidest, beschäftigst du dich nicht wirklich mit den zugrunde liegenden Problemen, die dir Kummer bereiten. Es ist, als würde man ein Pflaster auf eine tiefe Wunde kleben - es könnte die Wunde verdecken, Sir! Ich werde mich gleich darum kümmern." Aber die Wunde ist immer noch da, und sie tut immer noch weh. Und wenn Sie sich nicht um die zugrunde liegenden Probleme kümmern, wird die Wunde nie vollständig heilen.

Wenn du deine Erinnerungen vermeidest, hinderst du dich auch selbst daran, das Geschehene zu verarbeiten und zu verstehen. Du gibst dir selbst nicht die Chance, deine Emotionen zu verarbeiten, zu verstehen, was du fühlst, und Bewältigungsstrategien zu entwickeln, um mit diesen Gefühlen umzugehen. Es ist, als würde man versuchen, sich in einem dunklen Raum zurechtzufinden, ohne das Licht einzuschalten - man stolpert vielleicht herum und findet einen Ausweg, aber man wird nie wirklich verstehen, wie der Raum aufgebaut ist oder wie man den Hindernissen ausweicht.

Darüber hinaus kann Vermeidung die Dinge auf lange Sicht sogar noch verschlimmern. Wenn du deine Erinnerungen vermeidest, gibst du ihnen Macht über dich. Du lässt sie deine Emotionen und deine Handlungen kontrollieren, anstatt selbst die Kontrolle über sie zu übernehmen. Es ist, als würde man versuchen, einen Strandball unter Wasser zu halten - es mag eine Weile funktionieren, aber irgendwann wird der Ball wieder an die Oberfläche springen und Sie werden genau dort sein, wo Sie angefangen haben. Indem du deine Erinnerungen vermeidest, verpasst du auch die Gelegenheit, ein Gefühl der Meisterschaft und Kontrolle über dein Leben zu entwickeln.

Ängsten mutig begegnen

Als Therapeut ist es wichtig, ein sicheres und unterstützendes Umfeld zu schaffen, in dem sich die

Überlebenden wohl fühlen, wenn sie sich mit ihren traumabezogenen Gedanken, Bildern oder Situationen auseinandersetzen. Eine Möglichkeit, dies zu tun, ist die Verwendung von Belichtungstechniken während der Sitzung, wie z. B. imaginale Belichtung. Dazu gehört, dass Sie den Betroffenen bitten, sich lebhaft in eine Situation vorzustellen, die Angst oder Vermeidung auslöst, während Sie ihm einen unterstützenden und nicht wertenden Raum bieten, um seine Emotionen zu verarbeiten.

Nehmen wir zum Beispiel an, ein Überlebender meidet einen bestimmten Park, in dem er ein traumatisches Ereignis erlebt hat. Sie könnten sie bitten, die Augen zu schließen und sich vorzustellen, wie sie durch den Park gehen und die Sehenswürdigkeiten, Geräusche und Gerüche wahrnehmen. Wenn sie dies tun, können Sie sie ermutigen, auf ihre körperlichen Empfindungen, Emotionen und Gedanken zu achten, ohne sie zu verurteilen. Dies kann ihnen helfen, sich mit der Idee wohler zu fühlen, sich ihren Ängsten zu stellen, und beginnen, ihr Trauma auf sichere und kontrollierte Weise zu verarbeiten.

Eine andere Technik ist die In-vivo-Exposition, bei der der Überlebende nach und nach realen Situationen ausgesetzt wird, die Angst oder Vermeidung auslösen. Wenn ein Überlebender zum

Beispiel nach einem Autounfall Angst vor dem Autofahren hat, könnten Sie ihn zunächst das Fahren vorstellen lassen und dann dazu übergehen, ihn in einer sicheren und kontrollierten Umgebung fahren zu lassen, z. B. auf einem leeren Parkplatz. Wenn sie komfortabler werden, können Sie die Schwierigkeit der Exposition allmählich erhöhen, z. B. das Fahren auf einer ruhigen Straße und schließlich auf einer stärker befahrenen Straße.

Es ist wichtig, sich daran zu erinnern, dass das Ziel der Expositionstherapie nicht darin besteht, den Überlebenden über das hinaus zu treiben, was er bewältigen kann, sondern ihm zu helfen, sich allmählich mit den Dingen vertraut zu machen, die zuvor Angst oder Vermeidung ausgelöst haben. Um sicherzustellen, dass der Prozess überschaubar bleibt und den Überlebenden nicht überfordert, ist es wichtig, eine starke therapeutische Beziehung aufzubauen, die auf Vertrauen, Empathie und Verständnis basiert. Auf diese Weise kann sich der Überlebende während des gesamten Expositionsprozesses sicher und unterstützt fühlen.

Als Therapeut sollten Sie eng mit dem Betroffenen zusammenarbeiten, um eine Hierarchie von Situationen zu erstellen, die Angst oder Vermeidung auslösen, und sie von den geringsten bis zu den belastendsten einstufen. Dies wird Ihnen helfen, den besten Ort zu bestimmen, um den

Expositionsprozess zu beginnen, und sicherzustellen, dass der Überlebende nicht überfordert wird.

Wenn ein Überlebender zum Beispiel Angst davor hat, in der Öffentlichkeit zu sprechen, könnte seine Hierarchie so aussehen: vor einer kleinen Gruppe von Freunden sprechen, vor einer größeren Gruppe von Bekannten sprechen und schließlich vor einer großen Menschenmenge sprechen. Indem Sie mit der am wenigsten belastenden Situation beginnen und den Schwierigkeitsgrad allmählich erhöhen, können Sie dem Überlebenden helfen, selbstbewusster zu werden und sich beim Sprechen in der Öffentlichkeit wohler zu fühlen.

Es ist auch wichtig, dem Überlebenden Bewältigungsfähigkeiten und -techniken an die Hand zu geben, um seine Angst während des Expositionsprozesses zu bewältigen. Dies kann tiefes Atmen, progressive Muskelentspannung oder Visualisierung umfassen. Indem Sie dem Überlebenden diese Fähigkeiten beibringen, können Sie ihm helfen, sich mehr unter Kontrolle zu fühlen und besser gerüstet zu sein, um mit den Emotionen umzugehen, die während der Exposition entstehen.

Letztendlich liegt der Schlüssel zu einer erfolgreichen Expositionstherapie darin, mit dem Tempo des Überlebenden Schritt zu halten und sicherzustellen, dass er sich während des gesamten Prozesses sicher und unterstützt fühlt. Auf diese Weise können Sie dem Überlebenden helfen, sich allmählich mit seinen traumabezogenen Gedanken, Bildern oder Situationen auseinanderzusetzen und auf Heilung und Genesung hinzuarbeiten.

Kapitel 6

Erdungs- und Entspannungstechniken zur Beruhigung des Geistes

Als Überlebende sexueller Übergriffe fühlt man sich häufig von Emotionen und Ängsten überwältigt. Das Trauma, das Sie erlebt haben, kann dazu führen, dass Sie sich in einem Zustand der Übererregung befinden, immer nervös und bereit, auf potenzielle Bedrohungen zu reagieren. Aber es gibt Hoffnung. Die traumafokussierte kognitive Verhaltenstherapie (TKVT) bietet eine Reihe von Erdungs- und Entspannungstechniken, die Ihnen helfen können, diese überwältigenden Emotionen zu bewältigen und inmitten des Chaos Ruhe zu finden.

Eine der effektivsten Erdungstechniken, die bei TKVT verwendet wird, sind tiefe Atemübungen. Wenn wir uns ängstlich oder überfordert fühlen, neigt unsere Atmung dazu, flach und schnell zu werden. Indem Sie bewusst langsam, tief durchatmen, können Sie Ihren Körper und Geist beruhigen. Um diese Technik auszuprobieren, suchen Sie sich eine bequeme Sitz- oder Liegeposition, schließen Sie die Augen und konzentrieren Sie sich darauf, langsam und tief durch die Nase einzuatmen und durch den Mund wieder auszuatmen. Stellen Sie sich beim Einatmen frische, ruhige Luft vor, die Ihre Lungen füllt, und stellen Sie sich beim Ausatmen vor, wie Anspannung oder Angst Ihren Körper verlässt.

Eine weitere wirkungsvolle Erdungstechnik ist die progressive Muskelentspannung. Dabei werden verschiedene Muskelgruppen in deinem Körper angespannt und entspannt, angefangen bei den Zehen bis hin zum Kopf. Indem Sie körperliche Spannungen lösen, können Sie Ihren Geist und Körper beruhigen. Um diese Technik auszuprobieren, beginne damit, die Muskeln in deinen Zehen für ein paar Sekunden anzuspannen und dann loszulassen. Bewege dich durch deinen Körper nach oben und spanne und entspanne jede Muskelgruppe nacheinander, einschließlich Füße, Waden, Oberschenkel, Hüften, Rücken, Schultern, Arme, Hände, Nacken und Kopf.

Achtsamkeitsmeditation ist eine weitere effektive Technik, die in der TKVT eingesetzt wird, um Überlebenden zu helfen, überwältigende Emotionen zu bewältigen. Dazu gehört, auf den gegenwärtigen

Moment zu achten, ohne zu urteilen oder abgelenkt zu werden. Indem du dich auf die Gegenwart konzentrierst, kannst du deinen Geist beruhigen und Sorgen über die Vergangenheit oder Zukunft reduzieren. Um Achtsamkeitsmeditation auszuprobieren, suchen Sie sich einen ruhigen, bequemen Platz zum Sitzen oder Liegen, schließen Sie die Augen und konzentrieren Sie sich auf Ihren Atem. Wenn dein Geist abschweift, bringe deine Aufmerksamkeit sanft zurück auf deinen Atem, ohne zu urteilen. Du kannst auch versuchen, auf deine fünf Sinne zu achten und die Sehenswürdigkeiten, Geräusche, Gerüche, Geschmäcker und Texturen um dich herum wahrzunehmen.

Erdungstechniken können auch beinhalten, deine Sinne zu nutzen, um dich in den gegenwärtigen Moment zurückzubringen. Du kannst zum Beispiel versuchen, dich auf das Gefühl deiner Füße auf dem Boden, die Geräusche um dich herum oder das Gefühl der Luft auf deiner Haut zu konzentrieren. Du kannst auch versuchen, ein Erdungsobjekt wie ein Gummiband oder einen kleinen Stein zu verwenden, um dich auf den gegenwärtigen Moment zu konzentrieren.

Visualisierung ist eine weitere wirkungsvolle Technik, die in der TKVT verwendet wird, um Überlebenden zu helfen, überwältigende Emotionen zu bewältigen. Dabei geht es darum, Ihre Vorstellungskraft zu nutzen, um einen sicheren, ruhigen Raum zu schaffen, in dem Sie sich entspannt und in Frieden fühlen können. Um Visualisierung auszuprobieren, suchen Sie sich einen ruhigen, bequemen Platz zum Sitzen oder Liegen, schließen Sie die Augen und stellen Sie sich vor, Sie wären an einem sicheren, ruhigen Ort. Das kann ein Strand, ein Wald oder eine Bergwiese sein. Nutzen Sie alle Ihre Sinne, um diesen Ort zum Leben zu erwecken, und nehmen Sie die Sehenswürdigkeiten, Geräusche, Gerüche, Geschmäcker und Texturen wahr.

Selbstmitgefühl ist auch ein wesentlicher Bestandteil von TKVT und kann eine kraftvolle Erdungstechnik sein. Dazu gehört, dass du dich selbst mit Freundlichkeit, Verständnis und Geduld behandelst, so wie du es mit einem engen Freund tun würdest. Indem Sie Selbstmitgefühl üben, können Sie Ihren Geist und Körper beruhigen und Gefühle von Angst und Überforderung reduzieren. Versuchen Sie es mit Selbstmitgefühl, atmen Sie ein paar Mal tief durch und schenken Sie sich dann Freundlichkeit und Verständnis, genau wie Sie es mit einem engen Freund tun würden. Du kannst etwas sagen wie: "Ich tue mein Bestes, und das ist in Ordnung" oder "Ich bin stark und fähig, und ich kann das durchstehen."

Dies sind nur einige Beispiele für die vielen Erdungs- und Entspannungstechniken, die in der TKVT eingesetzt werden, um Überlebenden zu helfen, überwältigende Emotionen und Ängste zu bewältigen. Indem Sie diese Techniken anwenden, können Sie Ihren Geist und Körper beruhigen und ein Gefühl von Frieden und Ruhe finden, selbst inmitten des Chaos.

Erdungs- und Entspannungstechniken für Traumaüberlebende

Als Traumaüberlebender ist es nicht ungewöhnlich, dass man das Gefühl hat, ständig nervös zu sein und darauf zu warten, dass der andere Schuh fällt. Flashbacks, Albträume und Hypervigilanz können überwältigend sein und es schwierig machen, sich in der eigenen Haut sicher und ruhig zu fühlen. Aber es gibt Hoffnung. Erdungs- und Entspannungstechniken können ein wirksames Werkzeug sein, um diese Symptome zu bewältigen und im gegenwärtigen Moment Frieden zu finden. In diesem Kapitel werden wir Praktiken wie Achtsamkeit, Atemübungen und Körperscans untersuchen und erklären, wie sie Ihnen helfen können, in Flashbacks oder belastenden Momenten präsent zu bleiben.

Eine der effektivsten Möglichkeiten, Geist und Körper während eines Flashbacks oder eines belastenden Moments zu beruhigen, ist Achtsamkeit. Achtsamkeit ist die Praxis, im Moment präsent zu sein, ohne zu urteilen. Es geht darum, auf deine Gedanken, Gefühle und Empfindungen zu achten, ohne dich in ihnen zu verfangen. Indem du dich auf den gegenwärtigen Moment konzentrierst, kannst du beginnen, dich von der traumatischen Erinnerung zu lösen und ein Gefühl der Ruhe zu finden.

Nehmen wir zum Beispiel an, du erlebst einen Flashback und fängst an, dich überfordert zu fühlen. Du kannst versuchen, dich auf deinen Atem zu konzentrieren und das Gefühl zu bemerken, wie die Luft in deinen Körper ein- und ausströmt. Du kannst auch auf deine fünf Sinne achten und die Sehenswürdigkeiten, Geräusche, Gerüche, Geschmäcker und Texturen um dich herum wahrnehmen. Dies kann dir helfen, dich im gegenwärtigen Moment zu erden und dich von der traumatischen Erinnerung abzulenken.

Ein weiteres wirksames Mittel zur Beruhigung von Geist und Körper sind Atemübungen. Tiefe, langsame Atemzüge können helfen, Ihre Herzfrequenz zu verlangsamen und Ihr Nervensystem zu beruhigen. Dies kann besonders hilfreich sein, wenn ein Flashback oder ein beunruhigender Moment auftritt, wenn dein Körper so reagiert, als ob du in Gefahr bist.

Um eine Atemübung auszuprobieren, suchen Sie sich einen bequemen und sicheren Platz zum Sitzen oder Liegen. Schließen Sie die Augen und atmen Sie tief durch die Nase ein, wodurch sich Ihre Lungen vollständig füllen. Halten Sie den Atem einige Sekunden lang an und atmen Sie dann langsam durch den Mund aus. Wiederhole diesen Vorgang mehrmals und konzentriere dich dabei auf das Gefühl des Atems, der in deinen Körper ein- und ausströmt.

Körperscans sind ein weiteres wirksames Mittel, um Geist und Körper zu beruhigen. Dabei legst du dich bequem hin oder sitzt und lenkst deine Aufmerksamkeit auf verschiedene Teile deines Körpers, beginnend bei den Zehen und arbeitest dich bis zum Scheitel vor. Während du dich auf jeden Bereich konzentrierst, nimm alle Empfindungen, Gefühle oder Gedanken wahr, ohne zu urteilen.

Vielleicht bemerkst du zum Beispiel, dass sich deine Schultern angespannt anfühlen oder dass dein Kopf rast. Erlaube dir, diese Empfindungen anzuerkennen, ohne zu versuchen, sie zu verändern. Beobachte sie einfach und gehe dann zum nächsten Bereich deines Körpers über. Dies kann dir helfen, dir deines physischen Körpers bewusster zu werden und Spannungen oder Unbehagen abzubauen.

Zusätzlich zu diesen Techniken kann es hilfreich sein, ein erdendes Objekt oder eine Aktivität zu haben, an die du dich während eines Flashbacks oder eines beunruhigenden Moments wenden kannst. Das kann eine Lieblingsdecke, ein tröstender Satz oder eine kreative Aktivität wie Zeichnen oder Malen sein. Wenn du etwas hast, das dir Komfort und Ruhe bringt, kannst du dich sicherer und kontrollierter fühlen.

Es ist auch wichtig, sich daran zu erinnern, dass es in Ordnung ist, nicht okay zu sein. Es ist in Ordnung, sich überfordert zu fühlen und Hilfe zu brauchen. Scheuen Sie sich nicht, sich an einen vertrauenswürdigen Freund, ein Familienmitglied oder einen Psychologen zu wenden, um Unterstützung zu erhalten. Sie können Ihnen einen sicheren und nicht wertenden Raum bieten, in dem Sie Ihre Emotionen verarbeiten und Ihr Trauma verarbeiten können.

Ruhe im Chaos finden

Erdungs- und Entspannungstechniken sind unverzichtbare Werkzeuge, um den Geist zu beruhigen, insbesondere wenn es um die überwältigenden Empfindungen geht, die mit einem Trauma einhergehen können. Egal, ob du Flashbacks, erhöhte Angst oder einfach nur ein allgemeines Gefühl des Unbehagens verspürst, diese Übungen helfen dir, in den gegenwärtigen Moment zurückzukehren. Das Schöne an Erdungs- und Entspannungstechniken liegt in ihrer Einfachheit und Zugänglichkeit – Sie können sie überall und jederzeit anwenden und sie benötigen keine spezielle Ausrüstung. Sie helfen dir, dich im Hier und Jetzt zu verwurzeln, ziehen dich weg von den intensiven Emotionen oder Erinnerungen an die Vergangenheit und bringen deine Aufmerksamkeit zurück in die Gegenwart. Die folgenden Schritte führen Sie durch einige der effektivsten Techniken zur Beruhigung Ihres Geistes und bieten Ihnen ein Gefühl der Erleichterung sowohl während der Therapiesitzungen als auch in Ihrem Alltag.

Beginnen wir mit einer Erdungstechnik, die sich darauf konzentriert, Ihre Sinne zu nutzen, um sich wieder mit Ihrer unmittelbaren Umgebung zu verbinden. Diese Übung, die oft als 5-4-3-2-1-Methode bezeichnet wird, hilft Ihnen, Ihr Bewusstsein sanft im gegenwärtigen Moment zu verankern, indem sie Sie ermutigt, sich auf das zu konzentrieren, was um Sie herum ist. Suchen Sie sich zunächst einen ruhigen Ort, an dem Sie sich sicher fühlen. Sie brauchen keine völlige Stille, aber

Sie sollten sich in einer Umgebung befinden, in der Sie sich einige Minuten lang konzentrieren können, ohne unterbrochen zu werden. Atmen Sie ein paar Mal langsam und tief ein, atmen Sie tief durch die Nase ein und durch den Mund aus. Lassen Sie Ihren Körper entspannen, während Sie sich auf den Rhythmus Ihres Atems konzentrieren. Beginnen Sie dann die Übung, indem Sie fünf Dinge beobachten, die Sie um sich herum sehen können. Sie können alles sein – vielleicht die Art und Weise, wie das Licht durch das Fenster fällt, oder das Muster auf dem Stoff des Stuhls, auf dem Sie sitzen. Du musst diese Dinge nicht verurteilen oder analysieren, nimm sie einfach wahr und erlaube dir, dir ihrer bewusst zu sein.

Richten Sie als Nächstes Ihre Aufmerksamkeit auf vier Dinge, die Sie berühren können. Vielleicht spürst du die Textur deiner Kleidung auf deiner Haut, das Gefühl, wenn deine Hände auf deinem Schoß ruhen, oder die Kühle der Luft. Indem Sie auf diese taktilen Empfindungen achten, ermutigen Sie Ihren Geist, mit dem verbunden zu bleiben, was gerade passiert, anstatt sich in ängstlichen Gedanken oder traumatischen Erinnerungen zu verlieren. Konzentrieren Sie sich danach auf drei Dinge, die Sie hören können – vielleicht das Brummen einer Klimaanlage, das Zwitschern der Vögel draußen oder sogar das leise Summen des Lebens im

Hintergrund. Nehmen Sie sich Zeit für diesen Schritt und lassen Sie die Klänge kommen und gehen, ohne zu versuchen, sie zu kontrollieren oder zu verändern.

Dann lenke dein Bewusstsein auf zwei Dinge, die du riechen kannst. Das kann subtiler sein, aber vielleicht liegt ein anhaltender Geruch von etwas in der Luft – frisch gebrühter Kaffee, Waschmittel oder eine schwache Spur von Eau de Cologne. Konzentrieren Sie sich schließlich auf eine Sache, die Sie schmecken können. Es kann der Nachgeschmack eines kürzlichen Snacks sein oder einfach das neutrale Gefühl Ihres Mundes selbst. Achten Sie bei dieser Übung darauf, wie sich Ihr Körper anfühlt. Der einfache Akt, sich so bewusst auf deine Sinne zu konzentrieren, hilft dir, dich in der Gegenwart zu erden und deinem Geist zu ermöglichen, zur Ruhe zu kommen und dich von belastenden Gedanken zu entfernen.

Eine weitere effektive Erdungstechnik besteht darin, sich auf Ihren Atem zu konzentrieren. Wenn wir uns ängstlich oder überfordert fühlen, wird unsere Atmung oft flach und schnell, was zu unserem Gefühl von Panik oder Kummer führt. Wenn Sie lernen, Ihren Atem zu verlangsamen und zu vertiefen, kann dies eine sofortige beruhigende Wirkung haben und dazu beitragen, sowohl Ihren Geist als auch Ihren Körper zu beruhigen. Setzen Sie sich zu Beginn in eine bequeme Position, entweder auf einem Stuhl mit den Füßen auf dem Boden oder im Schneidersitz auf dem Boden. Schließe deine Augen, wenn sich das angenehm anfühlt, oder konzentriere sie sanft auf einen einzigen Punkt. Atmen Sie tief durch die Nase ein und zählen Sie beim Einatmen bis vier. Spüren Sie, wie sich Ihre Lungen ausdehnen, wenn die Luft sie füllt, und erlauben Sie sich, sich ausschließlich auf das Gefühl des Atmens zu konzentrieren.

Halten Sie den Atem bis vier an und lassen Sie sich die Fülle Ihrer Lungen spüren, bevor Sie sanft durch den Mund ausatmen und wieder bis vier zählen, wenn der Atem Ihren Körper verlässt. Wenn du die Luft ablässt, stelle dir vor, dass du alle Spannungen, Stress oder Ängste ausatmest, an denen du festgehalten hast. Wiederhole diesen Vorgang einige Male, wobei du jedes Mal deinen Atem vertiefen und deinen Körper weiter entspannen lässt. Dies ist eine Technik, die Sie in Therapiesitzungen anwenden können, wenn Sie schwierige Themen besprechen, oder im täglichen Leben, wenn Sie sich überfordert fühlen. Der Atem wird zu einem Anker, einer Möglichkeit, dich daran zu erinnern, dass du in diesem Moment sicher bist und dass du die Kontrolle über deinen Körper hast.

Eine dritte Erdungsübung ist als "progressive Muskelentspannung" bekannt, die hilft, körperliche Verspannungen zu lösen und die Aufmerksamkeit

Ihres Geistes auf verschiedene Teile Ihres Körpers zu lenken. Wenn wir ängstlich oder gestresst sind, tragen wir diese Anspannung oft in unseren Muskeln, ohne es überhaupt zu merken. Progressive Muskelentspannung hilft, sich dieser Anspannung bewusst zu werden und sie bewusst zu lösen. Suchen Sie sich zunächst einen ruhigen, bequemen Platz zum Sitzen oder Liegen. Beginnen Sie damit, sich auf Ihre Füße zu konzentrieren. Atmen Sie tief ein und spannen Sie die Muskeln in Ihren Füßen an, indem Sie die Spannung für einige Sekunden halten. Beim Ausatmen lösen Sie die Anspannung und lassen Sie die Muskeln vollständig entspannen. Achte auf den Unterschied zwischen dem, wie sich deine Füße anfühlten, als sie angespannt waren, und dem, wie sie sich jetzt anfühlen, wenn sie entspannt sind.

Bewege dich als Nächstes zu deinen Waden und wiederhole den Vorgang – atme ein und spanne die Muskeln an, halte und atme dann aus, um die Spannung zu lösen. Setze diesen Prozess fort und arbeite dich langsam deinen Körper hinauf: zu deinen Oberschenkeln, deinem Bauch, deinen Armen, deinen Schultern und schließlich deinem Nacken und Gesicht. Wenn Sie fertig sind, sollte sich Ihr ganzer Körper entspannter und entspannter anfühlen. Progressive Muskelentspannung ist besonders hilfreich in Momenten, in denen Sie sich körperlich angespannt oder nervös fühlen, und es ist etwas, das Sie in nur wenigen Minuten tun können, wann immer Sie es brauchen.

Zusätzlich zu diesen Erdungstechniken gibt es Entspannungsübungen, die helfen können, sowohl Ihren Geist als auch Ihren Körper zu beruhigen. Eine der effektivsten ist die Visualisierung, die auch als geführte Bilder bezeichnet wird. Bei dieser Technik nutzt du deine Vorstellungskraft, um dich an einen friedlichen, beruhigenden Ort zu versetzen – an einen Ort, der sich sicher und beruhigend anfühlt. Suchen Sie sich zunächst ein bequemes Plätzchen, an dem Sie für ein paar Minuten nicht gestört werden. Schließen Sie die Augen, atmen Sie ein paar Mal tief durch und lassen Sie sich entspannen. Stellen Sie sich dann einen Ort vor, an dem Sie sich vollkommen sicher und wohl fühlen. Das kann ein Strand mit sanften Wellen sein, die an das Ufer schlagen, ein ruhiger Wald mit Vogelgezwitscher und raschelnden Blättern oder ein gemütlicher Raum mit sanfter Beleuchtung und warmen Decken.

Während du dir diesen Ort vorstellst, versuche, alle deine Sinne zu aktivieren. Stellen Sie sich die Geräusche vor, die Sie hören könnten, die Gerüche in der Luft, die Texturen, die Sie spüren könnten, und die Wärme oder Kühle des Raumes. Erlauben Sie sich, vollständig in diese beruhigende Umgebung einzutauchen. Du kannst hier so lange bleiben, wie du möchtest, und die Ruhe der Bilder dazu beitragen, deinen Geist und Körper zu beruhigen. Visualisierung kann besonders hilfreich sein, wenn Sie sich ängstlich fühlen oder wenn Sie sich von schwierigen Emotionen lösen müssen. Es bietet eine mentale Flucht, die es Ihnen ermöglicht, einen Raum der Ruhe und des Komforts zu schaffen, zu dem Sie jederzeit zurückkehren können.

In Momenten, in denen du dich besonders von deinem Körper getrennt fühlst, können körperliche Erdungsübungen unglaublich hilfreich sein. Diese Übungen konzentrieren sich darauf, dein Bewusstsein für deine physische Präsenz in der Welt wiederherzustellen. Eine einfache, aber effektive Methode besteht darin, beide Füße fest auf den Boden zu stellen und nach unten zu drücken, als ob du versuchst, deine Füße mit der Erde zu verbinden. Dies kann dir helfen, dich verwurzelter und geerdeter zu fühlen, besonders in Momenten der Panik oder Dissoziation. Du kannst auch versuchen, mit den Füßen auf den Boden zu klopfen oder mit den Händen über eine strukturierte Oberfläche wie einen Tisch oder ein Stück Stoff zu fahren. Diese kleinen, sich wiederholenden Bewegungen helfen dabei, deine Aufmerksamkeit wieder auf die physische Welt zu lenken und erinnern dich daran, dass du in diesem Moment präsent und sicher bist.

Eine weitere körperliche Erdungsübung heißt "sensorische Erdung", bei der du dich auf eine Weise mit deiner Umgebung auseinandersetzt, die dich in den gegenwärtigen Moment zurückbringt. Das kann so einfach sein, wie ein kaltes Glas Wasser in den Händen zu halten, die Kühle auf der Haut zu spüren oder sich auf das Gewicht eines kleinen Gegenstandes in der Handfläche zu konzentrieren. Diese körperlichen Empfindungen helfen dabei, deinen Geist von belastenden Gedanken oder Erinnerungen wegzuziehen und deinen Fokus wieder auf das zu lenken, was im Hier und Jetzt passiert.

Das Schöne an diesen Erdungs- und Entspannungstechniken ist, dass sie in so vielen verschiedenen Situationen eingesetzt werden können. In Therapiesitzungen können sie ein Gefühl der Ruhe und Sicherheit vermitteln und Ihnen helfen, präsent zu bleiben, während Sie schwierige Erinnerungen oder Emotionen verarbeiten. Außerhalb der Therapie können diese Übungen in Ihr tägliches Leben integriert werden und bieten Ihnen eine Möglichkeit, mit Angstzuständen, Stress oder Flashbacks umzugehen, wann immer sie auftreten. Das Ziel ist nicht, dem Trauma zu entkommen oder es zu vermeiden, sondern Wege zu finden, es zu überwinden, die Symptome so zu bewältigen, dass Sie Ihr Leben

leben können, ohne von der Last der Vergangenheit überwältigt zu werden.

Je mehr du diese Techniken übst, desto einfacher wird es, sie in Momenten der Not anzuwenden. Mit der Zeit bemerkst du vielleicht, dass es weniger Anstrengung erfordert, deinen Geist wieder in die Gegenwart zu bringen, dass dein Körper bereitwilliger auf Entspannung reagiert und dass die Symptome eines Traumas – Flashbacks, Angstzustände, Hypervigilanz – an Intensität nachlassen. Es ist wichtig, in diesem Prozess geduldig mit sich selbst zu sein. Heilung braucht Zeit, und es gibt nicht den einen "richtigen" Weg, dies zu tun. Diese Techniken sind einfach Werkzeuge, die dir auf deinem Weg helfen und dir Momente des Friedens und der Ruhe bieten, während du auf deinem Weg der Heilung weitergehst.

Gewinnen Sie Ihren Frieden zurück

Die Entwicklung einer Selbstfürsorge-Routine ist einer der stärkendsten Schritte, die Sie auf Ihrem Weg zur Heilung unternehmen können. Wenn ein Trauma deine Welt auf den Kopf gestellt hat, ist es leicht, das Gefühl zu haben, dass du die Kontrolle verloren hast – nicht nur über deine Umgebung, sondern auch über deine eigenen Emotionen und Reaktionen. Die Etablierung einer Routine, die sich auf Ihr Wohlbefinden konzentriert, kann Ihnen helfen, dieses Gefühl der Kontrolle zurückzugewinnen. Es ist eine Art, sich selbst zu sagen: "Ich verdiene Frieden, ich verdiene Trost, und ich habe die Fähigkeit, das für mich selbst zu schaffen." Dabei geht es um mehr als nur um entspannende Aktivitäten. Es geht darum, eine Pflegegrundlage aufzubauen, die Ihre emotionale, geistige und körperliche Gesundheit auch an den härtesten Tagen unterstützt.

Stellen Sie sich Ihre Selbstfürsorge-Routine als Sicherheitsnetz vor. In Momenten, in denen sich Emotionen überwältigend anfühlen, wenn Ängste oder Flashbacks auftreten, können Erdungsrituale, zu denen du zurückkehren kannst, dich wieder in der Gegenwart verankern. Ein Trauma lässt die Welt oft unberechenbar und chaotisch erscheinen, aber eine konsequente Selbstfürsorgepraxis bringt Struktur und Stabilität, die helfen kann, diese wirbelnden Emotionen zu beruhigen. Es geht nicht darum, alles perfekt zu machen; Es geht darum, kleine, überschaubare Schritte zu finden, die es dir ermöglichen, dich zentrierter zu fühlen. Egal, ob du dir jeden Morgen fünf Minuten Zeit nimmst, um tief durchzuatmen, oder dir vor dem Schlafengehen Zeit nimmst, um ein Tagebuch zu führen, diese Übungen dienen als Prüfsteine und geben dir ein Gefühl der Stabilität, wenn sich alles andere unsicher anfühlt.

Für viele Überlebende können sich Emotionen anfühlen, als kämen sie aus dem Nichts – intensive, unkontrollierbare Wellen, die ohne Vorwarnung über dich hereinbrechen. Die Entwicklung einer Selbstfürsorge-Routine ist, als würde man sich in diesen Momenten einen Rettungsanker geben. Indem Sie sich regelmäßig an Aktivitäten beteiligen, die Entspannung und Achtsamkeit fördern, beginnen Sie, Muster in Ihren Emotionen zu erkennen. Du wirst beginnen, die ersten Anzeichen von Angst oder Stress zu erkennen, was dir die Möglichkeit gibt, zu reagieren, bevor diese Gefühle überwältigend werden. Es geht darum, sich auf die eigene emotionale Landschaft einzustimmen und sich selbst die Werkzeuge an die Hand zu geben, um damit umzugehen, anstatt sich davon mitgerissen zu fühlen.

Darüber hinaus ist Selbstfürsorge etwas zutiefst Persönliches. Es ist wichtig, Praktiken zu finden, die mit dir in Resonanz stehen – Dinge, die dir ein Gefühl von Sicherheit, Fürsorge und Ruhe geben. Für manche kann es das Praktizieren von Yoga oder Meditation sein. Für andere könnte es etwas so Einfaches sein wie ein Spaziergang in der Natur, Musik hören oder Zeit mit einem Haustier verbringen. Das Wichtigste ist, dass diese Aktivitäten Ihnen Momente der Ruhe bieten, in denen Sie sich wieder mit sich selbst verbinden und Ihren Körper und Geist daran erinnern können, dass es in Ordnung ist, sich zu entspannen. Diese kleinen Taten der Fürsorge sind nicht nur Ablenkungen von Ihrem Trauma; Sie sind wesentliche Schritte in Ihrer Genesung. Sie helfen dabei, Ihr Nervensystem neu zu trainieren, um zu verstehen, dass nicht jeder Moment in höchster Alarmbereitschaft sein muss.

Es gibt auch ein wichtiges Element des Mitgefühls bei der Entwicklung einer Selbstfürsorge-Routine. Ein Trauma kann dazu führen, dass du dich von deinen eigenen Bedürfnissen getrennt fühlst und dich manchmal sogar schuldig fühlst, weil du dir Zeit genommen hast, dich auf dich selbst zu konzentrieren. Aber Selbstfürsorge ist nicht egoistisch; Es ist wichtig. Es ist eine Erinnerung daran, dass du die Zeit und Mühe wert bist, die es braucht, um zu heilen. Indem du Selbstfürsorge zu einer Priorität machst, sendest du eine starke Botschaft an dich selbst – dass du nicht durch dein Trauma definiert wirst, dass deine Bedürfnisse wichtig sind und dass du die Kraft hast, zu heilen.

Wenn Sie auf dieser Reise weitergehen, denken Sie daran, dass es bei der Selbstfürsorge nicht um Perfektion geht. Es geht darum, sich selbst einen Raum zu schaffen, in dem Heilung geschehen kann. An manchen Tagen kann das so aussehen, als würde man eine vollständige Entspannungsroutine praktizieren; Bei anderen dauert es vielleicht nur ein paar Augenblicke, um tief durchzuatmen. Beide sind gültig, und beide sind Teil des Prozesses, Ihren Geist zu beruhigen und die Kontrolle über Ihr emotionales Wohlbefinden zurückzugewinnen. Durch diese Praktiken bauen Sie Resilienz auf, einen kleinen Akt der Fürsorge nach dem anderen.

Kapitel 7

Erstellen Sie Ihre Trauma-Erzählung: Holen Sie sich Ihre Geschichte zurück

Der Prozess der Erstellung einer Trauma-Erzählung in der traumafokussierten kognitiven Verhaltenstherapie (TKVT) ist einer der transformativsten Schritte auf dem Weg zur Heilung. Es geht darum, die Teile deiner Geschichte zurückzugewinnen, die von Angst, Scham und Verwirrung überschattet wurden. Für viele Überlebende kann sich ein Trauma wie etwas anfühlen, das ihnen die Stimme genommen oder ihre Geschichte auf schmerzhafte und überwältigende Weise umgeschrieben hat. Indem du eine Trauma-Erzählung erschaffst, beginnst du, die Verantwortung für das Geschehene zurückzugewinnen, nicht auf eine Weise, die dich definiert, sondern auf eine Weise, die es dir ermöglicht, es zu verarbeiten, zu verstehen und schließlich zu heilen.

Im Kern ist das Erstellen einer Trauma-Erzählung ein geführter Prozess, bei dem du die traumatische Erfahrung nicht auf einmal, sondern nach und nach in einer sicheren und unterstützenden Umgebung erzählst. Das kann unglaublich mächtig sein, denn Traumata leben oft in Bruchstücken in unseren Köpfen weiter. Es kann sein, dass Sie Erinnerungsblitze, intensive Gefühle oder körperliche Empfindungen haben, die unerwartet auftreten. Diese Fragmente können sich unzusammenhängend und unzusammenhängend anfühlen, wodurch das Trauma größer, bedrohlicher und schwerer zu bewältigen ist. Indem du deine Geschichte Stück für Stück erzählst, beginnst du, diese Fragmente miteinander zu verweben und das Trauma zu etwas zu machen, das kohärenter und handhabbarer ist. Du vermeidest es nicht mehr oder wirst von ihm überwältigt; Sie setzen sich aktiv damit auseinander, zu Ihren eigenen Bedingungen.

Bei dem Prozess geht es nicht darum, das Trauma noch einmal zu durchleben, obwohl er schwierige Emotionen hervorrufen kann. Es geht darum, dem Ereignis einen Sinn zu geben und es als etwas zu sehen, das dir passiert ist, und nicht als etwas, das definiert, wer du bist. Durch diese Erzählung beginnst du, einen Sinn in der Erfahrung zu finden, und vor allem reduzierst du ihre emotionale Intensität. Was sich einst unerträglich anfühlte, beginnt sich erträglicher anzufühlen, weil du dir selbst die Erlaubnis gibst, es mit der Unterstützung eines Therapeuten zu verarbeiten, der deinen Schmerz versteht.

Wenn du von deinem Trauma erzählst, könntest du damit beginnen, nur die Fakten zu erzählen – was passiert ist, wann es passiert ist und wo es stattgefunden hat. Dieser Teil ist oft schwierig, aber er ist auch unglaublich befreiend. Indem du einfach die Fakten nennst, beginnst du, etwas von der Macht zu nehmen, die das Trauma über dich ausgeübt hat. Während du voranschreitest, beginnst du, tiefer in die emotionalen Aspekte der Erfahrung einzutauchen. Hier geschieht echte Heilung, während ihr die Gedanken, Gefühle und Glaubenssätze erforscht, die während und nach dem Ereignis entstanden sind. Du könntest über die Schuld sprechen, die du gefühlt hast, die Angst, die immer noch besteht, oder das Gefühl der Hilflosigkeit, das mit dem Trauma einherging. Dieser Prozess hilft Ihnen, die Punkte zu verbinden, und ermöglicht es Ihnen zu sehen, wie das Trauma Ihren aktuellen emotionalen und körperlichen Zustand beeinflusst hat.

Während du deine Erzählung aufbaust, beginnst du, dich von dem Trauma zu distanzieren. Es wird zu etwas, das man mit mehr Klarheit betrachten kann, etwas, das man verstehen kann, anstatt sich davon verzehren zu lassen. Das bedeutet nicht, dass das Trauma verschwindet, aber es bedeutet, dass es dein Leben nicht mehr so fest im Griff hat. Es ist, als ob sich das Trauma von etwas Chaotischem und Überwältigendem in deiner Gegenwart zu etwas bewegt, das zwar schmerzhaft ist, aber jetzt Teil deiner Vergangenheit ist. Du kannst es anerkennen, ohne von ihm ertrunken zu werden.

Das Erschaffen einer Trauma-Erzählung ist auch ein unglaublich ermächtigender Akt, weil es deine Geschichte ist. Du entscheidest, wie es erzählt wird, auf welche Details du dich konzentrierst und wann du Pausen einlegst. Du hast die Kontrolle über das Tempo, und das ist ein entscheidender Teil des Heilungsprozesses. Bei einem Trauma geht es so oft darum, sich machtlos zu fühlen – das Gefühl, dass dir etwas passiert ist, das du nicht verhindern oder kontrollieren kannst. Aber indem du deine Trauma-Erzählung erschaffst, forderst du dieses Gefühl der Macht zurück. Du gibst dir selbst die Chance zu sagen: "Das ist meine Geschichte, und ich werde sie auf eine Weise erzählen, die mir hilft, zu heilen."

Für Überlebende kann dieser Prozess auch die Art und Weise verändern, wie du dich selbst siehst. Anstatt dich selbst als jemanden zu betrachten, der durch ein Trauma gebrochen wurde, beginnst du, deine Stärke, Widerstandsfähigkeit und Fähigkeit zur Heilung zu erkennen. Wenn du deine Trauma-

Erzählung schreibst oder teilst, bedeutet das nicht, dass du vergisst, was passiert ist, oder dass der Schmerz vollständig verschwindet, aber es bedeutet, dass du eine aktive Rolle bei deiner Genesung übernimmst. Du bist mehr als das, was dir passiert ist. Indem du deine Geschichte zurückforderst, beginnst du zu erkennen, dass du die Macht hast, deine Zukunft zu gestalten, nicht nur als Überlebender eines Traumas, sondern als jemand, der jeden Tag lernt, wächst und heilt.

Finden Sie Ihre Stimme

Einer der mächtigsten Schritte zur Heilung von Traumata ist das Erzählen Ihrer Geschichte. Wenn du etwas so zutiefst Schmerzhaftes wie einen sexuellen Übergriff durchgemacht hast, kann es sich anfühlen, als hätte das Trauma deine Stimme gestohlen und dich von dir selbst und deinen Erfahrungen getrennt. Ein Trauma hat eine Art, dir das Gefühl zu geben, klein zu sein, als ob deine Geschichte vom Schmerz und nicht von dir selbst kontrolliert wird. Aber wenn du deine Geschichte in einer strukturierten, unterstützenden Umgebung erzählst, beginnst du, diese Erzählung zurückzugewinnen. Du bist nicht mehr nur ein Überlebender von etwas Schrecklichem – du wirst zum Autor deiner eigenen Reise.

Deine Trauma-Erzählung zu erschaffen bedeutet nicht, den Schmerz endlos neu zu erleben. Stattdessen geht es darum, einen sicheren Raum zu finden, in dem du erforschen kannst, was dir passiert ist, und zwar auf eine Weise, die sich bestätigend und stärkend anfühlt. Die traumafokussierte kognitive Verhaltenstherapie (TKVT) bietet diese Art von strukturierter Umgebung und gibt Ihnen die Werkzeuge, um Ihre Geschichte auf eine Weise anzugehen, die Ihnen hilft, das Trauma zu verarbeiten, anstatt davon verzehrt zu werden. Wenn du anfängst, deine Geschichte zu erzählen, bekommst du ein klareres Gefühl dafür, wo das Trauma in dein Leben passt – nicht als der entscheidende Moment, sondern als ein Kapitel in deiner größeren Geschichte.

In diesem Prozess beginnst du vielleicht, etwas Wichtiges zu bemerken: Du bist nicht nur ein passiver Charakter in dem Trauma. Ja, das Ereignis mag außerhalb deiner Kontrolle gelegen haben, aber indem du deine Geschichte erzählst, übernimmst du die Kontrolle darüber, wie sie verstanden und in dein Leben integriert wird. Du beginnst, die Entscheidungen zu sehen, die du getroffen hast, die Stärke, die du gezeigt hast, und die Art und Weise, wie du überlebt hast. Je mehr du deine Geschichte erzählst, desto mehr beginnst du zu erkennen, dass du die Macht hast, den weiteren Verlauf dieser

Geschichte zu gestalten. Diese Verschiebung ist entscheidend – sie führt dazu, dass du dich nicht mehr als Opfer deiner Umstände fühlst, sondern wie der Schöpfer deiner eigenen Zukunft.

Es gibt eine einzigartige Art der Heilung, die entsteht, wenn man das, was man durchgemacht hat, in Worte fasst. Oft fühlt sich das Trauma chaotisch an, fragmentiert, als ob es in Teilen existiert, die zusammen keinen Sinn ergeben. Aber wenn du deine Geschichte erzählst, vor allem im Kontext einer Therapie, beginnen sich diese Teile zu fügen. Du findest Muster und Zusammenhänge und gewinnst Klarheit darüber, wie sich das Trauma auf dich ausgewirkt hat. Dieser Prozess ermöglicht es Ihnen, das Chaos zu organisieren und ihm einen Sinn zu geben, der sich ermächtigend anfühlt. Letztendlich geht es nicht nur darum, das Trauma zu verstehen, sondern auch darum, sich selbst und seine Widerstandsfähigkeit angesichts dessen zu verstehen.

Wenn du deine Geschichte auf diese Weise erzählst, kannst du auch erkennen, dass du nicht allein bist. Oft isoliert uns ein Trauma und gibt uns das Gefühl, dass niemand sonst verstehen kann, was wir durchgemacht haben. Aber indem du deine Geschichte in einer unterstützenden Umgebung teilst, sei es mit einem Therapeuten oder in einer Gruppe, öffnest du dich für die Verbindung. Du erkennst, dass andere ähnliche Kämpfe durchgemacht haben und dass es eine immense Kraft ist, diese Erfahrungen zu teilen. In diesen Momenten geteilter Verletzlichkeit beginnt die Heilung wirklich Wurzeln zu schlagen.

Es ist nicht einfach, den Schritt zu unternehmen, um Ihre Geschichte zurückzugewinnen, und es ist wichtig, dies in Ihrem eigenen Tempo zu tun. Aber denken Sie daran, dies ist Ihre Geschichte, die Sie erzählen möchten. Niemand sonst kann es dir wegnehmen oder für dich definieren. Durch diesen Prozess wirst du nicht nur Heilung finden, sondern auch ein erneuertes Gefühl der Handlungsfähigkeit – ein Verständnis, dass das Trauma zwar Teil deiner Vergangenheit sein mag, aber nicht deine Zukunft definiert. Du bist der Geschichtenerzähler, und mit jedem Wort machst du einen weiteren Schritt, um deine Macht zurückzugewinnen.

Den Weg zur Heilung weisen

Bei der Arbeit mit Überlebenden sexueller Übergriffe ist eines der mächtigsten Werkzeuge, die Therapeuten haben, ihnen zu helfen, ihre Trauma-Erzählung zu konstruieren. Bei diesem Prozess geht es nicht darum, den Schmerz nur um seiner selbst willen wieder aufzugreifen, sondern den Überlebenden die Möglichkeit zu geben, ihre

Geschichte auf eine Weise zurückzugewinnen, die das Empowerment fördert, anstatt Gefühle der Hilflosigkeit oder Scham zu verstärken. Ein Trauma kann einer Person oft ihre Stimme rauben und sie fühlen sich zum Schweigen gebracht oder durch das traumatische Ereignis definiert. Als Therapeut ist es Ihre Aufgabe, ihnen zu helfen, diese Geschichte neu zu schreiben – nicht um das Trauma zu löschen, sondern um es in eine breitere Erzählung einzuweben, in der sie nicht nur ein Opfer, sondern ein Überlebender sind, eine Person mit Handlungsfähigkeit, Widerstandsfähigkeit und Hoffnung.

Bei der Trauma-Erzählung geht es nicht nur darum, zu erzählen, was passiert ist; Es geht darum, den Überlebenden zu helfen, ihre Erfahrung durch die Linse des Empowerments zu sehen. Wenn Überlebende zum ersten Mal anfangen, ihre Geschichte zu erzählen, können sie von Schuldgefühlen, Selbstvorwürfen oder überwältigender Verletzlichkeit niedergedrückt werden. Für Sie als Therapeut ist es wichtig, einen Raum zu schaffen, in dem sie sich sicher fühlen, diese Emotionen ohne Urteil auszudrücken. Bei diesem Prozess geht es nicht darum, eine saubere Lösung zu finden, sondern den Überlebenden zu ermöglichen, ihr Trauma in ihrem eigenen Tempo zu verarbeiten. Deine Aufgabe ist es, sie anzuleiten, ihnen zu helfen, die Schichten von Angst, Schmerz und Verwirrung zu entwirren, die oft mit traumatischen Erinnerungen einhergehen, und sie sanft zu führen, damit sie verstehen, dass das Trauma ihren Wert nicht definiert.

Um Überlebenden dabei zu helfen, ihre Erzählung zu gestalten, wird die Bestätigung zu einem Eckpfeiler. Erkennen Sie ihre Emotionen, ihre Reaktionen und ihre Stärke an, das überlebt zu haben, was sie getan haben. Überlebende haben oft das Gefühl, dass ihr Trauma sie irgendwie schwächt, aber indem du ihre Gefühle bestätigst, hilfst du, den Fokus zu verschieben. Anstatt sich selbst als "gebrochen" oder "beschädigt" zu betrachten, können sie beginnen, ihre Widerstandsfähigkeit, ihren Mut und die Art und Weise, wie sie bereits so viel überlebt haben, zu sehen. Diese Verschiebung von der Opferrolle zur Überlebensrolle ist entscheidend – sie gestaltet die Trauma-Erzählung nicht als einen Moment der Schwäche, sondern als eine Geschichte von Ausdauer und Stärke neu.

Während die Erzählung Gestalt annimmt, ist es wichtig, sich darauf zu konzentrieren, das Trauma in ihre größere Lebensgeschichte zu integrieren. Die Überlebenden fühlen sich oft von dem Trauma gefangen, als hätte es ihre Identität übernommen. Indem Sie ihnen helfen, das Trauma in einen Kontext zu stellen, erinnern Sie sie daran, dass es nur ein Kapitel in ihrem Leben ist, nicht das ganze Buch. Wenn Sie sie ermutigen, über ihr Leben vor dem Trauma nachzudenken und darüber, was sie sich für die Zukunft erhoffen, kann dies dazu beitragen, das überwältigende Gefühl zu verringern, dass das Trauma alles verschlingt. Das Ziel ist es, ihnen zu helfen, zu erkennen, dass das Trauma sie zwar zweifellos geprägt hat, aber nicht ihre gesamte Existenz bestimmen muss.

Ein weiterer wichtiger Aspekt bei der Entwicklung des Trauma-Narrativs besteht darin, den Überlebenden zu helfen, von Hilflosigkeit zu Empowerment zu gelangen. Ein Trauma kann bei Menschen oft das Gefühl hinterlassen, die Kontrolle über ihr eigenes Leben verloren zu haben. Indem Sie ihnen die Werkzeuge an die Hand geben, um ihre Geschichte zu strukturieren, befähigen Sie sie, diese Kontrolle zurückzugewinnen. Das kann so einfach sein wie die Wahl der Worte, mit denen sie ihre Erfahrung beschreiben. Manchmal können selbst kleine sprachliche Veränderungen einen starken Einfluss darauf haben, wie Überlebende sich selbst sehen. Zum Beispiel kann der Übergang von passiver Sprache ("Das ist mir passiert") zu einer aktiveren Sprache ("Ich habe das überlebt") die Art und Weise, wie sie sich auf ihr Trauma beziehen, subtil, aber tiefgreifend verändern.

Es ist auch wichtig, auf das Timing und die Bereitschaft des Überlebenden zu achten. Nicht jeder ist bereit, sofort in seine Trauma-Erzählung einzutauchen, und das ist in Ordnung. Das Erstellen einer Erzählung ist ein Prozess, der Zeit, Vertrauen und emotionale Bereitschaft erfordert. Einige Überlebende müssen möglicherweise mehr Zeit damit verbringen, an Erdungstechniken, Selbstfürsorgeroutinen oder der Bewältigung von Symptomen wie Flashbacks und Albträumen zu arbeiten, bevor sie bereit sind, sich ihrem Trauma in narrativer Form zu stellen. Als Therapeut sind Sie da, um dieses Timing zu ehren, Unterstützung und Ermutigung zu bieten, aber niemals den Prozess zu überstürzen.

Während dieser Reise kann Ihre Begleitung den Überlebenden helfen zu erkennen, dass ihr Trauma sie nicht schmälert – sie offenbart ihre Fähigkeit, zu heilen, zu wachsen und ihr Leben zurückzuerobern. Ihre Trauma-Erzählung zu schreiben ist ein Akt des Mutes, aber es ist auch ein Akt der Eigenverantwortung. Es gibt den Überlebenden die Möglichkeit, die Kontrolle über die Geschichte zurückzugewinnen, die sich einst außerhalb ihrer Reichweite anfühlte, und sich nicht als Opfer der Umstände zu sehen, sondern als Autoren ihres eigenen Lebens.

Teil 3

Überwindung von Flashbacks, Albträumen und Hypervigilanz

Kapitel 8

Rückblenden: Die Vergangenheit in der Gegenwart wieder erleben

Rückblenden können sich wie eine unerwartete und ungewollte Reise in die Vergangenheit anfühlen, bei der du plötzlich ein traumatisches Ereignis erneut durchlebst, als ob es noch einmal passieren würde. Für viele Überlebende sexueller Übergriffe sind diese Erfahrungen nicht nur beunruhigend – sie können zutiefst belastend und verwirrend sein. Flashbacks sind mehr als nur lebendige Erinnerungen; Sie sind eine ausgewachsene Wiedererfahrung des Traumas, bei der Ihre Sinne und Emotionen in den Moment des Übergriffs zurückversetzt werden.

Wenn es zu einer Rückblende kommt, scheint es, als ob die Grenzen zwischen Vergangenheit und Gegenwart verschwimmen, wodurch sich das Trauma unmittelbar und allumfassend anfühlt. Vielleicht fühlst du die gleiche Angst, Panik oder Hilflosigkeit, die du während des Übergriffs erlebt hast. Dies kann auch passieren, wenn Sie sich in einer sicheren Umgebung mit Menschen befinden, die sich um Sie kümmern. Flashbacks können durch etwas so Subtiles wie einen Geruch, ein Geräusch oder sogar einen bestimmten Satz ausgelöst werden, der dich an das Trauma erinnert. Es ist nicht immer klar, was einen Flashback auslöst, was das Gefühl der Unvorhersehbarkeit und Angst verstärken kann.

Der Kummer durch Flashbacks kommt von ihrer Fähigkeit, deine Realität zu kapern. In diesen Momenten kann es sich anfühlen, als würdest du dich nicht nur an eine schmerzhafte Erinnerung erinnern, sondern sie noch einmal durchleben, mit all den intensiven Emotionen und körperlichen Empfindungen, die damit einhergehen. Es ist nicht ungewöhnlich, dass Überlebende während einer Rückblende ein tiefes Gefühl der Verwirrung und Hilflosigkeit verspüren, als ob sie in einer Zeitschleife feststecken, der sie nicht entkommen können. Die Intensität dieser Erfahrungen kann dazu führen, dass du dich noch lange nach dem Flashback ausgelaugt, ängstlich und nervös fühlst.

Flashbacks sind beunruhigend, weil sie dein Gefühl von Sicherheit und Kontrolle stören. Sie erinnern dich an eine Zeit, in der du dich verletzlich und machtlos gefühlt hast, und trotz der Tatsache, dass du dich jetzt an einem anderen, sichereren Ort befindest, können sich die emotionalen und sensorischen Erfahrungen des Traumas genauso real anfühlen. Es ist, als würde man in einen Albtraum zurückgeworfen, aus dem man nicht aufwachen kann, obwohl man wach und in der Gegenwart ist.

Wenn du verstehst, dass Flashbacks eine häufige Reaktion auf ein Trauma sind, kannst du dich in dieser Erfahrung weniger allein fühlen. Sie sind eine Art und Weise, wie dein Geist und dein Körper versuchen, das Geschehene zu verarbeiten und damit umzugehen. Sie sind zwar unglaublich herausfordernd, aber auch ein Zeichen dafür, dass Ihr Körper immer noch ein ungelöstes Trauma verarbeitet. Die Erkenntnis, dass diese Reaktionen natürlich sind, wenn auch schwierig, kann ein wichtiger Teil der Suche nach einem Weg sein, ihre Auswirkungen zu bewältigen und zu reduzieren.

Es ist auch wichtig zu wissen, dass es effektive Strategien für den Umgang mit Flashbacks gibt. Erdungstechniken, Achtsamkeitspraktiken und andere therapeutische Werkzeuge können dir helfen, dich im gegenwärtigen Moment zu verankern und die Intensität dieser Erfahrungen zu lindern. Durch das Erlernen und Üben dieser Techniken kannst du allmählich ein Gefühl von Kontrolle und Stabilität wiedererlangen, was dazu beiträgt, die Kraft von Flashbacks mit der Zeit zu verringern. Denken Sie daran, dass Sie diese Reise nicht alleine bewältigen müssen - die Unterstützung von

Therapeuten und Angehörigen kann Ihnen zusätzliche Anleitung und Trost bieten, während Sie diese herausfordernden Momente bewältigen.

Warum es sich anfühlt, als würdest du die Vergangenheit noch einmal erleben

Auslöser spielen eine wichtige Rolle bei der Erfahrung von Traumata und verursachen oft Flashbacks, die das Gefühl vermitteln, dass Sie das traumatische Ereignis noch einmal durchleben. Es ist wichtig zu verstehen, dass diese Auslöser nicht zufällig sind oder Ihre Stärke oder Ihren Charakter widerspiegeln. Sie sind tief damit verbunden, wie sich Traumata auf Ihr Gehirn und Ihren Körper auswirken. Wenn dich etwas in deiner gegenwärtigen Umgebung an ein vergangenes traumatisches Erlebnis erinnert, kann es eine Kaskade von Erinnerungen und Emotionen auslösen, die dich in diesen Moment zurückversetzen.

Stellen Sie sich vor, Sie betreten einen Raum und nehmen einen bestimmten Duft wahr, der Sie plötzlich zu einer bestimmten Erinnerung zurückversetzt. Es kann der Geruch eines bestimmten Parfüms oder sogar der Geruch von Regen auf dem Bürgersteig sein. Für jemanden, der ein Trauma erlebt hat, können diese scheinbar harmlosen Reize als mächtige Auslöser wirken. Ihr

Geist und Ihr Körper reagieren auf diese Auslöser, indem sie Sie in die Gefühle und Empfindungen des traumatischen Ereignisses zurückziehen, fast so, als ob das Ereignis in Echtzeit erneut geschieht. Diese Reaktion wurzelt in der Art und Weise, wie Ihr Gehirn traumatische Erinnerungen verarbeitet und speichert. Die sensorischen Details des Traumas – Anblicke, Geräusche, Gerüche – sind tief in Ihrem Gedächtnis verankert, und wenn Sie auf etwas stoßen, das diesen Details entspricht, kann dies einen Flashback auslösen.

Diese Rückblenden sind nicht nur Erinnerungen; Sie sind umfassende Wiedererfahrungen des Traumas. Während einer Rückblende fühlst du vielleicht die gleiche Angst, Hilflosigkeit oder den gleichen Schmerz wie während des ursprünglichen Ereignisses. Ihr Körper kann so reagieren, als ob die Bedrohung wieder vorhanden wäre, was zu einem Adrenalinstoß, Herzrasen oder sogar körperlichen Symptomen wie Schwitzen oder Zittern führt. Dieses intensive Wiedererleben des Traumas kann es unglaublich schwierig machen, zwischen Vergangenheit und Gegenwart zu unterscheiden, was dazu führen kann, dass du dich desorientiert und überfordert fühlst.

Es ist auch wichtig zu erkennen, dass Auslöser sehr persönlich und einzigartig für jeden Einzelnen sein können. Was für eine Person ein Auslöser sein mag, wirkt sich möglicherweise nicht auf die gleiche Weise auf eine andere Person aus. Zum Beispiel kann ein bestimmtes Geräusch, eine bestimmte Farbe oder sogar ein bestimmter Satz für eine Person als Erinnerung an das Trauma dienen. Das Verständnis der eigenen Auslöser ist ein wichtiger Bestandteil, um mit Flashbacks umzugehen und die Kontrolle über Ihre Reaktionen wiederzuerlangen. Es geht darum, die Ursachen für diese intensiven Reaktionen zu identifizieren und zu lernen, wie man sie so angeht, dass man in der Gegenwart geerdet bleibt.

Die Rolle von Auslösern bei der Entstehung von Flashbacks unterstreicht, wie wichtig es ist, sanft zu sich selbst zu sein. Einen Flashback zu erleben, bedeutet nicht, dass du in der Vergangenheit feststeckst oder dass deine Heilungsreise nicht voranschreitet. Es bedeutet, dass Ihr Gehirn und Ihr Körper das Trauma immer noch verarbeiten, und das ist ein natürlicher Teil des Heilungsprozesses. Wenn Sie lernen, mit diesen Auslösern umzugehen, durch Strategien wie Erdungstechniken oder Therapie, können Sie diese Momente mit mehr Leichtigkeit und weniger Stress bewältigen.

In diesem Kapitel werden Möglichkeiten untersucht, Auslöser zu erkennen und damit umzugehen, und es werden praktische Tipps gegeben, um geerdet und zentriert zu bleiben, wenn man mit Flashbacks konfrontiert wird. Die Rolle von Auslösern zu verstehen, ist ein entscheidender Schritt, um deine Gegenwart aus dem Schatten der Vergangenheit zurückzuerobern. Indem du diese Auslöser anerkennst und ansprichst, kannst du beginnen, den Kreislauf des Wiedererlebens des Traumas zu durchbrechen und dich zu einem Ort des größeren Friedens und der Kontrolle in deinem Leben zu bewegen.

Erde dich und richte deine Gedanken neu ein

Flashbacks können sich wie ein unwillkommener Eindringling anfühlen, der dich in Momente des Traumas zurückzieht, als ob sie gerade jetzt passieren würden. Sie sind äußerst belastend und können dazu führen, dass du dich machtlos fühlst, als wärst du in einer Schleife gefangen, die außerhalb deiner Kontrolle liegt. Es gibt jedoch wirksame Strategien aus der traumafokussierten kognitiven Verhaltenstherapie (TKVT), die Ihnen helfen können, die Intensität dieser überwältigenden Erfahrungen zu bewältigen und zu reduzieren. Diese Tools wurden entwickelt, um Ihnen ein Gefühl der Stabilität zu vermitteln und Ihr Gefühl der Kontrolle zurückzugewinnen.

Eine der wertvollsten Techniken für den Umgang mit Flashbacks ist die Erdung. Erdungstechniken sind wie Rettungsleinen, die dich zurück in den gegenwärtigen Moment ziehen und weg von den intensiven Empfindungen eines Flashbacks. Die Idee ist, deine Sinne zu aktivieren, um dich wieder mit dem Hier und Jetzt zu verbinden. Du könntest zum Beispiel die "5-4-3-2-1"-Technik ausprobieren, bei der du fünf Dinge identifizierst, die du sehen kannst, vier Dinge, die du berühren kannst, drei Dinge, die du hören kannst, zwei Dinge, die du riechen kannst, und eine Sache, die du schmecken kannst. Diese Übung hilft dir, dich in der Gegenwart zu verankern, indem sie deine Aufmerksamkeit auf die physische Welt um dich herum richtet, anstatt dich von vergangenen Erinnerungen verzehren zu lassen.

Eine weitere effektive Erdungsstrategie besteht darin, körperliche Empfindungen zu nutzen, um sich selbst in die Gegenwart zurückzubringen. Das Festhalten an einem beruhigenden Gegenstand, wie einer weichen Decke oder einem Stressball, kann eine greifbare Verbindung zum gegenwärtigen Moment herstellen. In ähnlicher Weise hilft das Üben von tiefen Atemübungen oder progressiver Muskelentspannung, Ihr Nervensystem zu beruhigen und es einfacher zu machen, mit dem erhöhten emotionalen Zustand umzugehen, der mit einem Flashback einhergeht. Der Schlüssel liegt darin, herauszufinden, was für Sie am besten funktioniert - was sich beruhigend anfühlt und Ihnen hilft, Ihr Gefühl von Sicherheit und Kontrolle wiederzuerlangen.

Die kognitive Umstrukturierung ist ein weiteres mächtiges Werkzeug der TKVT, das bei der Bewältigung von Flashbacks helfen kann. Bei dieser Technik geht es darum, die verzerrten Gedanken, die oft mit Traumata einhergehen, zu identifizieren und in Frage zu stellen. Wenn ein Flashback auftritt, ist es üblich, eine Flut von negativen oder irrationalen Gedanken zu erleben. Du könntest zum Beispiel denken: "Ich bin in Gefahr" oder "Ich kann damit nicht umgehen". Die kognitive Umstrukturierung hilft Ihnen, diese automatischen, belastenden Gedanken zu erkennen und sie durch ausgeglichenere, rationalere zu ersetzen. Indem du die Gültigkeit dieser Gedanken hinterfragst und sie neu formulierst, kannst du deine Perspektive verändern und die emotionalen Auswirkungen des Flashbacks reduzieren.

Ein effektiver Weg, um kognitive Umstrukturierung zu üben, besteht darin, Gedankenaufzeichnungen zu führen. Wenn ein Flashback auftritt, schreibe die belastenden Gedanken auf, die du erlebst. Fordere dann diese Gedanken heraus, indem du dir Fragen stellst wie: "Gibt es Beweise, die diesen Gedanken unterstützen?" und "Was würde ich in dieser Situation einem Freund sagen?" Dieser Prozess hilft Ihnen, den Kreislauf des negativen Denkens zu durchbrechen und ermöglicht es Ihnen, eine ausgewogenere Sicht auf die Situation zu entwickeln. Im Laufe der Zeit kann diese Übung die Intensität von Flashbacks verringern und Ihnen helfen, mit größerer Widerstandsfähigkeit darauf zu reagieren.

Darüber hinaus kann die Schaffung eines "sicheren Ortes" ein unglaublich unterstützendes Werkzeug sein. Dabei geht es darum, sich einen Ort vorzustellen, an dem Sie sich absolut sicher und wohl fühlen – sei es ein realer Ort oder ein imaginärer Zufluchtsort. Während einer Rückblende kannst du dich mental an diesen sicheren Ort transportieren und die Ruhe und den Komfort dieser mentalen Vorstellungskraft nutzen, um den belastenden Empfindungen der Rückblende entgegenzuwirken. Die Kombination mit Erdungstechniken und kognitiver Umstrukturierung kann einen facettenreichen Ansatz für den Umgang mit diesen intensiven Erfahrungen bieten.

Es ist wichtig, sich daran zu erinnern, dass der Umgang mit Flashbacks ein Prozess ist und es einige Zeit dauern kann, bis Sie die Strategien gefunden haben, die für Sie am besten funktionieren. Seien Sie geduldig mit sich selbst und erkennen Sie, dass es in Ordnung ist, sich auf dem Weg dorthin

Unterstützung zu suchen. Die Techniken, die in der TKVT angeboten werden, sind hier, um Ihnen zu helfen, ein Gefühl der Kontrolle wiederzuerlangen und die Macht von Flashbacks über Ihr Leben zu reduzieren. Indem du diese Strategien in deine Heilungsreise integrierst, unternimmst du proaktive Schritte, um deinen Frieden und dein Wohlbefinden zurückzugewinnen, und das ist ein starker Beweis für deine Stärke und Widerstandsfähigkeit.

Navigieren im Echo der Vergangenheit

Rückblenden können sich wie ein unwillkommener Eindringling anfühlen, der dich in eine Zeit und einen Ort zurückzieht, den du lieber hinter dir lassen würdest. Sie treten oft unerwartet auf und können dir das Gefühl geben, das Trauma noch einmal zu erleben. Zu verstehen, wie sich diese Flashbacks im täglichen Leben manifestieren können, und praktische Techniken zu erlernen, um damit umzugehen, kann einen erheblichen Unterschied auf deinem Heilungsweg machen.

Stellen Sie sich ein Szenario vor, in dem ein Überlebender eines sexuellen Übergriffs auf einer überfüllten Party ist. Die laute Musik und die ausgelassenen Gespräche lösen plötzlich einen Flashback aus, der dem Überlebenden das Gefühl gibt, wieder in der traumatischen Situation zu sein. Die einst festliche Umgebung fühlt sich nun feindselig und beängstigend an. In solchen Momenten können Erdungstechniken unglaublich hilfreich sein. Ein paar tiefe Atemzüge zu nehmen und sich auf den gegenwärtigen Moment zu konzentrieren, kann dir helfen, dich zu verankern. Eine schnelle, einfache Erdungsübung, wie z. B. die Aufzählung von fünf Dingen, die du sehen, hören oder berühren kannst, kann dich zurück ins Hier und Jetzt bringen und deinen Geist daran erinnern, dass die gegenwärtige Umgebung sicher ist, auch wenn sie sich anders anfühlt.

Ein anderes Beispiel könnte ein Überlebender sein, der ein bestimmtes Lied oder einen bestimmten Geruch hört, der während des Traumas vorhanden war. Vielleicht überwältigt sie plötzlich der Duft eines bestimmten Eau de Cologne oder einer vertrauten Melodie und weckt lebhafte Erinnerungen an die Vergangenheit. Wenn man mit diesen Auslösern konfrontiert wird, ist es von Vorteil, eine Reihe von Entspannungstechniken parat zu haben. Tiefe Atemübungen oder progressive Muskelentspannung können helfen, die körperlichen Symptome von Angstzuständen zu reduzieren, die oft mit einem Flashback einhergehen. Indem du langsam, bewusst durchatmest und jede Muskelgruppe bewusst entspannst, kannst du deinem Körper signalisieren, dass es sicher ist, sich zu beruhigen, was dazu beiträgt, die Intensität des Flashbacks abzubauen.

Flashbacks können auch auf subtilere Weise auftreten, z. B. wenn ein bestimmter Satz oder eine bestimmte Situation in einem Film oder Buch das traumatische Ereignis widerspiegelt. Zum Beispiel kann ein Überlebender, der eine Szene mit einer ähnlichen Art von Übergriff sieht, plötzlich von seinen eigenen traumatischen Erinnerungen überwältigt werden. In diesen Situationen ist es wichtig, Selbstmitgefühl zu üben und sich daran zu erinnern, dass es in Ordnung ist, sich überfordert zu fühlen. Wenn du den Flashback anerkennst und dann eine Erdungstechnik anwendest – z. B. deine Füße fest auf den Boden stellst oder dich an einem beruhigenden Objekt festhältst – kann das helfen, deine Verbindung zum gegenwärtigen Moment wiederherzustellen und die Auswirkungen des Flashbacks zu verringern.

In Momenten, in denen Flashbacks besonders intensiv sind, kann es auch von Vorteil sein, Affirmationen oder beruhigende Sätze zu verwenden. Wenn du dich an sichere und positive Wahrheiten erinnerst – wie "Ich bin jetzt sicher" oder "Das ist Vergangenheit, und ich habe die Kontrolle" – kann dir das helfen, deine Denkweise weg von der traumatischen Erfahrung und zurück zur gegenwärtigen Realität zu verändern. Diese Übung kann ein sanfter, aber kraftvoller Weg sein, um den überwältigenden Gefühlen entgegenzuwirken, die Flashbacks hervorrufen können.

Letztlich geht es nicht darum, Flashbacks komplett zu eliminieren, sondern Strategien zu entwickeln, die sie besser beherrschbar machen. Wenn Sie diese Techniken zur Verfügung haben, können Sie mit größerer Leichtigkeit durch die Echos der Vergangenheit navigieren und sich in Ihrem gegenwärtigen Leben mehr unter Kontrolle und geerdet fühlen. Jedes Mal, wenn Sie diese Techniken erfolgreich anwenden, bauen Sie Resilienz auf und stärken Ihre Fähigkeit, zukünftige Herausforderungen zu bewältigen. Denke daran, dass es in Ordnung ist, Unterstützung zu suchen und diese Techniken zu üben, während du lernst, mit der Vergangenheit umzugehen, die in die Gegenwart eindringt. Durch Geduld und Übung können Sie Ihr Gefühl von Sicherheit und Ruhe zurückgewinnen.

Kapitel 9

Albträume neu schreiben: Den Schlaf zurückholen

Albträume können einer der belastendsten Aspekte eines Traumas sein und hinterlassen bei den Überlebenden oft das Gefühl, dass der Schmerz ihrer Vergangenheit ihnen in ihre Träume folgt. Für viele Überlebende sexueller Übergriffe sind Albträume nicht nur eine gelegentliche Unannehmlichkeit, sondern eine anhaltende, beunruhigende Präsenz, die ihren Schlaf stört und ihr tägliches Leben beeinträchtigt. Diese nächtlichen Störungen können den Schlaf in ein Schlachtfeld verwandeln, auf dem die Echos des Traumas mit lebhafter Intensität wiederkehren und einen erholsamen Schlaf wie einen schwer fassbaren Traum erscheinen lassen.

Stell dir vor, du wachst mitten in der Nacht auf, mit rasendem Herzen, schweißgebadet, nur um zu erkennen, dass der Schrecken, den du gerade erlebt hast, keine Realität, sondern ein Albtraum war. Es ist, als ob das Trauma in deine Träume eingedrungen ist und all die Angst, Hilflosigkeit und den Schmerz mit sich gerissen hat, die du während des Übergriffs gefühlt hast. Albträume wie diese können ein tiefes Gefühl der Verletzlichkeit hervorrufen, das es schwierig macht, sich selbst im Heiligtum des eigenen Bettes sicher zu fühlen. Die Angst vor diesen Albträumen kann auch zu Angstzuständen vor dem Einschlafen führen, wodurch ein Kreislauf entsteht, in dem die Vorfreude auf eine schlechte Nacht Ihre Fähigkeit, sich gut auszuruhen, stört.

Albträume sind ein häufiges Symptom der posttraumatischen Belastungsstörung (PTBS), da sie eine Möglichkeit für den Geist sind, ungelöste Traumata zu verarbeiten. Wenn das Gehirn ein traumatisches Ereignis erlebt, kann es Schwierigkeiten haben, die überwältigenden Emotionen und Erinnerungen, die damit verbunden sind, zu verarbeiten und zu integrieren. Anstatt in der Lage zu sein, diese Gefühle auf ausgewogene Weise zu verarbeiten, können sie in Träumen auftauchen, wo sie auf eine Weise wiedergegeben und erneut erlebt werden, die sich sehr real anfühlt. Dies ist der Versuch Ihres Gehirns, das Trauma zu verarbeiten, aber es führt oft zu belastenden Albträumen, die Sie genauso erschüttern, als ob das Trauma noch einmal passieren würde.

Der Inhalt dieser Albträume spiegelt oft das Trauma selbst wider – es werden Szenarien von Gewalt, Hilflosigkeit oder Gefahr nachgestellt. Diese Träume können so lebendig und beängstigend sein, dass Sie sich emotional ausgelaugt und körperlich erschöpft fühlen, selbst wenn Sie Stunden im Bett verbracht haben. Diese ständige Störung Ihres Schlafes kann zu einem Kreislauf von Müdigkeit, erhöhtem Stress und erhöhter Anfälligkeit für andere Symptome von PTBS führen.

Zu verstehen, warum Albträume auftreten, ist ein entscheidender Teil der Bewältigung dieser Träume. Sie sind kein Spiegelbild von Schwäche oder Versagen; Vielmehr sind sie ein Symptom für den anhaltenden Kampf Ihres Geistes, das Trauma zu verstehen und zu bewältigen. Dies anzuerkennen, kann ein wichtiger Schritt sein, um Mitgefühl für sich selbst zu finden und nach Strategien zu suchen, um mit diesen nächtlichen Störungen umzugehen. Es geht darum, zu erkennen, dass die Albträume nicht das Problem sind, sondern eher ein Zeichen dafür, dass noch tiefer gearbeitet werden muss, um das Trauma zu heilen.

Im Umgang mit Albträumen ist es wichtig, Techniken und Therapien zu erforschen, die helfen, ihre Auswirkungen zu bewältigen und zu reduzieren. Ansätze wie traumafokussierte Therapie, kognitive Verhaltensstrategien und Erdungsübungen können

Abhilfe schaffen. Indem du das zugrunde liegende Trauma ansprichst und lernst, wie du mit dem Inhalt deiner Träume umgehen und ihn neu gestalten kannst, kannst du beginnen, deinen Schlaf zurückzugewinnen und ein Gefühl von Sicherheit und Frieden wiederzuerlangen.

Albträume können zwar ein starkes und belastendes Symptom eines Traumas sein, aber denken Sie daran, dass es wirksame Möglichkeiten gibt, sie anzugehen und Ihre allgemeine Schlafqualität zu verbessern. Dieses Kapitel wird Sie durch das Verständnis dieser nächtlichen Herausforderungen führen und praktische Ratschläge geben, wie Sie Ihren Schlaf zurückgewinnen können, was Ihnen hilft, Ruhe und Erholung zu finden, selbst inmitten der Heilung von Traumata.

Träumen vom Frieden

Wenn es um Traumata geht, können sich Albträume wie ein unerbittlicher Schatten anfühlen, der deine Nächte heimsucht und dir deine Ruhe raubt. Für viele Überlebende sind diese belastenden Träume nicht nur unangenehm – sie können auch eine starke Erinnerung an das Trauma sein, die es schwer macht, selbst im Schlaf Ruhe zu finden. Aber stell dir vor, du könntest die Kontrolle über diese Träume übernehmen und sie in etwas umschreiben, das weniger beängstigend und sogar ermächtigend ist. Hier kommt die Imagery Rehearsal Therapy (IRT) als Leuchtfeuer der Hoffnung und Transformation ins Spiel.

Die Imagery Rehearsal Therapy ist eine Technik innerhalb der traumafokussierten kognitiven Verhaltenstherapie (TKVT), die speziell entwickelt wurde, um belastende Träume anzusprechen und neu zu gestalten. Es ist ein kreativer und proaktiver Ansatz für den Umgang mit Albträumen, der es Ihnen ermöglicht, eine aktive Rolle bei der Neugestaltung des Inhalts Ihrer Träume zu übernehmen. Die Idee ist, neue, positive Bilder zu üben, während du wach bist, die dann die Träume beeinflussen können, die du im Schlaf hast. Indem du ein neues Ende oder ein beruhigendes Szenario erschaffst und mental einstudierst, kannst du die Erzählung deiner Albträume allmählich ändern und so dazu beitragen, ihre Häufigkeit und Intensität zu reduzieren.

Stell dir zum Beispiel einen wiederkehrenden Albtraum vor, in dem du vor einer bedrohlichen Gestalt davonläufst. IRT ermutigt Sie, sich im Laufe des Tages ein anderes Szenario vorzustellen – eines, in dem Sie sich der Figur stellen, Ihre Stärke behaupten oder vielleicht sicher an einen Ort flüchten, an dem Sie sich sicher fühlen. Indem du dir diese neue, positive Version des Traums lebhaft vorstellst, schreibst du im Wesentlichen das Drehbuch neu, dem dein Verstand nachts folgt. Es ist ein bisschen so, als würde man einen dunklen, beängstigenden Film in eine hoffnungsvolle, ermächtigende Geschichte verwandeln, in der man der Held ist.

Dieser Ansatz funktioniert, weil er die Fähigkeit des Geistes anzapft, seine eigenen Prozesse zu beeinflussen. Wenn du dich während der wachen Stunden aktiv mit deinen Träumen beschäftigst, hilfst du nicht nur, den Inhalt zu verändern, sondern reduzierst auch die emotionalen Auswirkungen der Albträume. Es ist eine Möglichkeit, Ihren Schlaf zurückzugewinnen und ihn von einem Schlachtfeld der Angst in einen Raum des Komforts und der Kontrolle zu verwandeln. Je mehr Sie diese Technik üben, desto mehr gewöhnt sich Ihr Geist an die neuen, positiven Bilder, die es einfacher machen, einen erholsamen und erholsamen Schlaf zu erleben.

Das Schöne an der IRT liegt in ihrer Einfachheit und Zugänglichkeit. Es erfordert keine speziellen Werkzeuge – nur Ihre Vorstellungskraft und einen ruhigen Raum, um sich zu konzentrieren. Du kannst damit beginnen, die gemeinsamen Themen oder Ängste in deinen Albträumen zu identifizieren und dann alternative Szenarien zu entwerfen, in denen du dich sicher und gestärkt fühlst. Dieser Prozess des

Umschreibens von Träumen kann unglaublich ermächtigend sein und es dir ermöglichen, die Kontrolle über einen Teil deines Lebens zurückzugewinnen, den das Trauma berührt hat.

Indem Sie die Imagery Rehearsal Therapy in Ihre Selbstfürsorgeroutine integrieren, machen Sie einen proaktiven Schritt, um Ihre Ruhe zurückzugewinnen und die Qualität Ihres Schlafes wiederherzustellen. Es geht darum, eine Brücke zwischen deinem wachen Leben und deinen Träumen zu schlagen und sicherzustellen, dass der Raum, in dem du Ruhe und Erholung suchst, nicht von Angst dominiert wird, sondern ein Ort ist, an dem du beginnen kannst, zu heilen und Trost zu finden. Diese Praxis ist ein Beweis für Ihre Stärke und Widerstandsfähigkeit und bietet einen Weg, um Ihre Nächte und letztendlich Ihre gesamte Erfahrung der Traumabewältigung zu transformieren.

Schaffung einer erholsamen Oase für besseren Schlaf

Albträume können eines der belastendsten Überbleibsel eines Traumas sein, das Ihren Schlaf stört und Sie beim Aufwachen erschüttert. Es sind nicht nur schlechte Träume; Es sind oft lebendige, beängstigende Erfahrungen, bei denen sich die Vorstellung vom Schlaf selbst einschüchternd anfühlen kann. Aber die gute Nachricht ist, dass es Möglichkeiten gibt, diese Albträume in etwas Leichter zu verwandeln und eine Schlafumgebung zu kultivieren, die Frieden und Sicherheit fördert.

Einer der ersten Schritte bei der Bewältigung von Albträumen besteht darin, zu verstehen, dass Sie zwar nicht in der Lage sind, jedes Detail Ihrer Träume zu kontrollieren, aber ihren Inhalt und ihre Auswirkungen beeinflussen können. Beginnen Sie damit, eine Technik zu üben, die als "Vorstellungstherapie" bekannt ist. Dabei nimmst du die Handlung deiner Albträume und schreibst sie bewusst um, während du wach bist. Wenn dein Albtraum zum Beispiel eine Szene beinhaltet, die sich außer Kontrolle zu geraten anfühlt, versuche, dir ein alternatives Ende vorzustellen, in dem du sicher bist und die Kontrolle hast. Diese Übung hilft deinem Verstand, die belastenden Bilder neu zu ordnen und kann im Laufe der Zeit allmählich zu weniger beängstigenden Träumen führen.

Eine weitere Technik, die du erforschen solltest, besteht darin, dich vor dem Schlafengehen zu erden. Das bedeutet, dass du dich an Aktivitäten beteiligen musst, die dir helfen, dich verankerter und sicherer zu fühlen. Die Etablierung einer beruhigenden Schlafenszeit-Routine kann einen erheblichen Unterschied machen. Dazu kann gehören, ein beruhigendes Buch zu lesen, beruhigende Musik zu hören oder tiefe Atemübungen zu machen. Das Ziel ist es, ein Gefühl der Ruhe zu schaffen, das helfen kann, der Angst entgegenzuwirken, die Albträume auslösen könnte. Indem Sie sich entspannen, signalisieren Sie Ihrem Gehirn, dass es Zeit ist, in einen Zustand der Ruhe zu wechseln.

Die Verbesserung Ihrer Schlafumgebung ist ein weiterer entscheidender Schritt, um eine bessere Erholung zu fördern und Albträume zu reduzieren. Beginnen Sie damit, sicherzustellen, dass sich Ihr Schlafzimmer wie ein Zufluchtsort anfühlt. Ein gut organisierter, aufgeräumter Raum kann zu einem Gefühl von Ruhe und Ordnung beitragen. Erwägen Sie, sanftes Licht und beruhigende Farben zu integrieren, um eine visuell friedliche Umgebung zu schaffen. Darüber hinaus kann die Investition in eine bequeme Matratze und Kissen einen erheblichen Unterschied darin machen, wie erholsam Ihr Schlaf ist.

Ein Gefühl der Sicherheit in Ihrer Schlafumgebung ist unerlässlich. Wenn du feststellst, dass die Dunkelheit der Nacht zu Gefühlen der Angst oder Verletzlichkeit beiträgt, solltest du vielleicht ein Nachtlicht oder ein weiches Licht verwenden, das während des Schlafens eingeschaltet bleibt. Viele Menschen finden es auch bequem, eine beruhigende Geräuschmaschine oder einen Ventilator zu haben, um ein gleichmäßiges, sanftes Hintergrundgeräusch zu erzeugen, das sowohl beruhigend als auch hilfreich sein kann, um beunruhigende Geräusche auszublenden.

Ein Schlafenszeitritual, das Ihrem Körper signalisiert, dass es Zeit ist, sich zu entspannen, kann ebenfalls sehr effektiv sein. Dazu gehören beispielsweise ein warmes Bad, Entspannungstechniken wie progressive Muskelentspannung oder eine kurze Achtsamkeitsmeditation. Diese Aktivitäten helfen, Körper und Geist zu entspannen und erleichtern den Übergang in den Schlaf.

Schließlich ist es wichtig, alle zugrunde liegenden Ängste oder Stressfaktoren anzugehen, die zu Ihren Albträumen beitragen könnten. Wenn du mit anhaltenden Ängsten oder aufdringlichen Gedanken zu kämpfen hast, kann es hilfreich sein, mit einem Therapeuten zu sprechen, der dir zusätzliche Unterstützung und Strategien bieten kann. Die Therapie kann Ihnen Werkzeuge an die Hand geben, um diese Ängste zu verarbeiten und sie auf sichere, strukturierte Weise anzugehen.

Indem Sie diese Schritte unternehmen, können Sie den Inhalt Ihrer Albträume allmählich verschieben und Ihre Schlafumgebung in einen Ort des Komforts und der Sicherheit verwandeln. Der Weg zu einem besseren Schlaf ist ein Prozess, der sowohl praktische Veränderungen als auch emotionale Anpassungen beinhaltet. Mit Geduld und Beharrlichkeit können Sie Ihre Nächte zurückerobern und ein Gefühl von Frieden und Erholung finden, das Ihre gesamte Heilungsreise unterstützt.

Kapitel 10

Bändigung der Hypervigilanz: Sicherheit in einer Welt finden, die sich gefährlich anfühlt

Hypervigilanz ist wie ein Leben in einem ständigen Zustand höchster Alarmbereitschaft, in dem sich jedes Geräusch, jede Bewegung oder jede Veränderung in Ihrer Umgebung wie eine potenzielle Bedrohung anfühlen kann. Für Überlebende sexueller Übergriffe ist dieser erhöhte Bewusstseinszustand eine direkte Reaktion auf das Trauma, das sie erlebt haben. Es ist die Art und Weise, wie der Körper versucht, Sie zu schützen, ein Überbleibsel aus der Zeit, als Sie hyperbewusst sein mussten, um sicher zu bleiben. Wenn Sie verstehen, warum Hypervigilanz auftritt, können Sie sich ihr mit mehr Mitgefühl nähern und Wege finden, ihren Griff auf Ihr Leben zu lockern.

Stellen Sie sich Ihren Körper als ein fein abgestimmtes Alarmsystem vor, das darauf ausgelegt ist, Gefahren zu erkennen und darauf zu reagieren.

Nach einem traumatischen Ereignis wird dieses System außergewöhnlich sensibel. Die Alarme sind so hoch eingestellt, dass auch alltägliche Situationen eine Reaktion auslösen können. Bei dieser erhöhten Wachsamkeit geht es nicht nur darum, nervös zu sein; Es ist der Überlebensmechanismus Ihres Körpers auf Hochtouren. Während des Traumas konzentrierten sich Ihr Geist und Ihr Körper darauf, Bedrohungen zu erkennen und schnell zu reagieren. Dieser Überlebensinstinkt war in diesen Momenten entscheidend, aber sobald die unmittelbare Gefahr vorüber ist, kehrt das Alarmsystem nicht immer in seine normale Einstellung zurück. Stattdessen arbeitet es weiterhin auf Hochtouren, selbst in Situationen, in denen keine wirkliche Bedrohung besteht.

Dieser ständige Zustand der Bereitschaft kann die Welt überwältigend unsicher erscheinen lassen. Es kann sein, dass Sie Ihre Umgebung auf potenzielle Bedrohungen scannen, sich nicht entspannen können oder sich bei unerwarteten Geräuschen oder Bewegungen nervös fühlen. Es ist, als ob dein ganzes Wesen in höchster Alarmbereitschaft ist und versucht, dich vor etwas zu schützen, das sich anfühlt, als könnte es jeden Moment passieren. Diese Reaktion ist eine direkte Folge des Traumas, das du erlebt hast und bei dem dein Körper gelernt hat, wachsam zu bleiben, um dich zu schützen. Das

Problem ist, dass dieser Überlebensmodus, der einst unerlässlich war, jetzt zu einer täglichen Herausforderung wird, die Ihre Fähigkeit beeinträchtigt, sich sicher und entspannt zu fühlen.

Hypervigilanz kann sich auf verschiedene Weise manifestieren, von der ständigen Überprüfung von Türschlössern bis hin zur Vermeidung bestimmter Orte oder Situationen, die unsicher erscheinen könnten. Es ist die Art und Weise, wie dein Verstand versucht, deine Umgebung zu kontrollieren, um dich sicherer zu fühlen. Das Problem ist, dass dieser ständige Zustand der Wachsamkeit anstrengend sein kann und es schwierig macht, das Leben zu genießen oder Ruhe zu finden. Es geht nicht nur darum, Angst zu haben; Es geht um ein tiefes Gefühl der Gefahr, das auch dann bestehen bleibt, wenn keine unmittelbare Bedrohung besteht.

Wenn du verstehst, dass Hypervigilanz eine natürliche Reaktion auf ein Trauma ist, kannst du bei der Verarbeitung freundlich zu dir selbst sein. Dein Körper tut das, wofür er geschaffen wurde - dich zu schützen. Die Erkenntnis, dass dieser erhöhte Zustand der Wachsamkeit eine Reaktion auf vergangene Traumata und nicht eine Reflexion der aktuellen Realität ist, ist jedoch ein entscheidender Schritt, um damit umzugehen. Du bist mit dieser Erfahrung nicht allein, und es ist wichtig, sie mit Geduld und Mitgefühl anzugehen. Hypervigilanz ist ein Signal dafür, dass Ihr Körper das Trauma immer noch verarbeitet, und es ist eine Gelegenheit, auf die Wiederherstellung eines Gefühls von Sicherheit und Gleichgewicht in Ihrem Leben hinzuarbeiten.

Wenn Sie Wege finden, Hypervigilanz anzugehen und zu bewältigen, können Sie ein Gefühl der Ruhe zurückgewinnen. Techniken wie Erdungsübungen, Achtsamkeit und Entspannungspraktiken können das Alarmsystem des Körpers beruhigen und Ihnen helfen, sich sicherer zu fühlen. Diese Übungen helfen Ihrem Körper, Ihrem Körper zu signalisieren, dass es sicher ist, seine Wachsamkeit fallen zu lassen, und ermöglichen es Ihnen, allmählich von einem Zustand ständiger Wachsamkeit zu einem Zustand der Ruhe und Entspannung zu wechseln. Es ist eine Reise, auf der du deinem Körper und Geist beibringst, dass das Trauma zwar real gewesen sein mag, die Sicherheit, die du suchst, aber möglich und in Reichweite ist.

In diesem Kapitel untersuchen wir Strategien und Ansätze, die Ihnen helfen, die Herausforderungen der Hypervigilanz zu meistern. Das Verständnis seiner Wurzeln kann Ihnen Trost und Klarheit bieten, während Sie daran arbeiten, sich in einer Welt, die derzeit bedrohlich erscheint, sicherer zu fühlen. Denken Sie daran, dass es bei diesem Prozess um Fortschritt geht, nicht um Perfektion. Es geht darum, Schritte zu unternehmen, um die ständige Anspannung zu lösen und Momente des Friedens inmitten der ständigen Wachsamkeit zu finden.

Mit Hypervigilanz durch den Alltag navigieren

Hypervigilanz, ein erhöhtes Gefühl der Gefahr, das jeden Moment zu überschatten scheint, kann unglaublich schwierig zu bewältigen sein. Dieser ständige Zustand der Wachheit, ein Überbleibsel traumatischer Erlebnisse, betrifft nicht nur gelegentliche Momente; Es sickert in jeden Aspekt des täglichen Lebens ein und lässt selbst die einfachsten Aufgaben entmutigend erscheinen. Stell dir vor, du lebst jeden Tag mit dem Gefühl, dass jeden Moment etwas schief gehen könnte, dass die Gefahr gleich um die Ecke lauert. Dieses allgegenwärtige Gefühl kann dazu führen, dass sich alles, von der Aufrechterhaltung von Beziehungen bis hin zum Erfolg im Beruf, wie ein harter Kampf anfühlt.

In Beziehungen führt Hypervigilanz oft zu einem ständigen Bedürfnis nach Bestätigung und einem überwältigenden Gefühl des Misstrauens. Es kann sein, dass Sie die Absichten anderer in Frage stellen oder harmlose Handlungen als potenzielle Bedrohungen fehlinterpretieren. Dieser ständige Zustand der Wachsamkeit kann zu Spannungen und

Missverständnissen mit geliebten Menschen führen, die möglicherweise Schwierigkeiten haben zu verstehen, warum Sie so nervös oder distanziert wirken. Es ist wie auf einem Drahtseilakt, bei dem sich jede Interaktion mit potenziellen Gefahren behaftet anfühlt, selbst wenn diese Gefahr nicht real ist. Die emotionale Belastung durch Hypervigilanz kann zu Isolation führen, da Sie sich möglicherweise aus Beziehungen zurückziehen, um den Stress zu vermeiden, ständig auf der Hut zu sein.

Arbeitsumgebungen können auch zu einem Schlachtfeld für diejenigen werden, die mit Hypervigilanz zu kämpfen haben. Der Arbeitsplatz ist oft voll von Reizen und Interaktionen, die Ihr Alarmsystem auslösen können. Die beiläufige Bemerkung eines Kollegen kann als Bedrohung empfunden werden, oder eine einfache Änderung der Routine kann wie ein unheilvolles Zeichen erscheinen. Diese erhöhte Sensibilität kann es schwierig machen, sich zu konzentrieren, produktiv zu sein oder sogar ein Gefühl der Stabilität aufrechtzuerhalten. Es kann sein, dass Sie ständig nach potenziellen Problemen suchen und sich erschöpft fühlen von der mentalen Belastung, ständig nervös zu sein. Dies kann sich auf Ihre Leistung auswirken, Burnout verursachen und dazu führen, dass sich der Arbeitsplatz wie eine noch stressigere Umgebung anfühlt.

Auf persönlicher Ebene kann das Streben nach Sicherheit in einer Welt, die sich gefährlich anfühlt, zu einem ständigen Gefühl des Unbehagens führen. Sie können Orte oder Situationen meiden, die Sie als riskant empfinden, auch wenn sie harmlos sind. Dieses Vermeidungsverhalten kann Ihre Aktivitäten einschränken und Ihre Fähigkeit, das Leben zu genießen, beeinträchtigen. Einfache Freuden wie mit Freunden auszugehen, neue Erfahrungen auszuprobieren oder sogar zu Hause zu entspannen, können von dem unerbittlichen Bedürfnis überschattet werden, wachsam zu bleiben. Dieser anhaltende Stress raubt dir nicht nur die Freude in deinem täglichen Leben, sondern setzt auch den Kreislauf der Hypervigilanz fort, wodurch es schwieriger wird, dich von diesem allumfassenden Zustand der Wachsamkeit zu befreien.

Zu verstehen, wie sich Hypervigilanz auf diese Aspekte Ihres Lebens auswirkt, ist der erste Schritt, um Erleichterung zu finden. Es ist wichtig zu erkennen, dass diese Reaktionen ein natürlicher Teil des Versuchs Ihres Körpers sind, Sie zu schützen, der in dem Trauma verwurzelt ist, das Sie erlebt haben. Indem Sie anerkennen, wie sich Hypervigilanz auf Ihre Beziehungen, Ihre Arbeit und Ihren persönlichen Frieden auswirkt, können Sie beginnen, diese Herausforderungen mit Mitgefühl und Verständnis anzugehen. Der Weg zum Umgang mit Hypervigilanz beinhaltet das Erlernen der Unterscheidung zwischen echten Bedrohungen und wahrgenommenen Gefahren, die allmähliche Wiedererlangung eines Sicherheitsgefühls und das Finden von Wegen, um die ständige Belastung zu verringern, die mit der ständigen Wachsamkeit einhergeht.

Wie TKVT Ihnen helfen kann, Ihr Sicherheitsgefühl zurückzugewinnen

Das Leben mit Hypervigilanz kann sich anfühlen, als wäre man ständig in Alarmbereitschaft, als ob hinter jeder Ecke Gefahr lauert. Dieser erhöhte Bewusstseinszustand, der zunächst ein Überlebensmechanismus ist, kann überwältigend und anstrengend werden, wenn die Bedrohung nicht mehr vorhanden ist. Die traumafokussierte kognitive Verhaltenstherapie (TKVT) bietet verschiedene Strategien, die Ihnen helfen, ein Gefühl der Sicherheit wiederherzustellen und die Kontrolle über Ihre Reaktionen auf angstauslösende Situationen wiederzuerlangen.

Eine der Kerntechniken der TKVT ist die kognitive Umstrukturierung. Dieser Ansatz hilft Ihnen, die verzerrten Gedanken, die Ihre Hypervigilanz befeuern, zu erkennen und zu hinterfragen. Wenn Sie zum Beispiel häufig denken: "Etwas Schlimmes wird passieren", ermutigt Sie die kognitive Umstrukturierung, die Beweise für und gegen diesen Glauben zu untersuchen. Du könntest entdecken, dass deine Angst, obwohl sie sehr real ist, nicht immer in der gegenwärtigen Realität begründet ist. Indem du diese Muster erkennst, kannst du beginnen, sie durch ausgewogenere, realistischere Gedanken zu ersetzen, die dir helfen, deine allgemeine Angst zu reduzieren. Diese Denkweise kann ein Gefühl der Ruhe erzeugen und es einfacher machen, sich durch den Tag zu bewegen, ohne ständig nervös zu sein.

Neben der kognitiven Umstrukturierung spielen Entspannungstechniken eine entscheidende Rolle bei der Bewältigung der Hypervigilanz. Diese Techniken helfen, die natürliche Entspannungsreaktion Ihres Körpers zu aktivieren, was dem erhöhten Wachzustand entgegenwirken kann. Einfache Praktiken wie tiefes Atmen, progressive Muskelentspannung und Achtsamkeitsübungen können unglaublich effektiv sein. Beim tiefen Atmen geht es darum, sich auf langsame, tiefe Atemzüge zu konzentrieren, um das Nervensystem zu beruhigen, während die progressive Muskelentspannung lehrt, verschiedene Muskelgruppen anzuspannen und dann wieder zu lösen, was dazu beiträgt, körperliche Spannungen abzubauen. Achtsamkeitsübungen, wie z. B. die Konzentration auf den gegenwärtigen Moment ohne Urteil, können Ihnen helfen, sich zu erden und Angstgefühle zu verringern. Wenn Sie diese Entspannungstechniken in Ihren Alltag integrieren, können Sie inmitten des Chaos ein Heiligtum der Ruhe schaffen.

Die kontrollierte Exposition gegenüber angstauslösenden Situationen ist eine weitere wertvolle Strategie in der TKVT. Das bedeutet nicht, dass du dich kopfüber in Situationen stürzen musst, die dir Kummer bereiten, sondern dass du dich diesen Situationen allmählich und sicher stellst, um ihre Macht über dich zu verringern. Wenn du zum Beispiel Angst davor hast, dich an öffentlichen Orten aufzuhalten, könntest du damit beginnen, kurz eine vertraute, stressarme Umgebung zu besuchen und dann die Dauer und Komplexität deiner Exposition allmählich zu erhöhen. Dieser Prozess hilft Ihnen, Ihre Ängste zu desensibilisieren und ermöglicht es Ihnen, Bewältigungsstrategien in Echtzeit zu üben. Mit jedem kleinen Schritt bauen Sie Selbstvertrauen auf und verringern das Gefühl der Gefahr, das einst überwältigend schien.

Bei diesen TKVT-Strategien geht es nicht darum, die Angst vollständig zu beseitigen, sondern darum, Wege zu finden, sie effektiv zu bewältigen. Indem Sie nicht hilfreiche Denkmuster in Frage stellen, Entspannungstechniken üben und sich allmählich kontrolliert Ängsten stellen, können Sie ein Gefühl von Sicherheit und Ruhe in einer Welt zurückgewinnen, die sich vielleicht überwältigend bedrohlich angefühlt hat. Es geht darum, Resilienz aufzubauen und zu lernen, sich in Ihrer Umgebung mit einem neuen Gefühl der Kontrolle und Befähigung zurechtzufinden.

Denken Sie daran, dass der Weg, sich wieder sicher zu fühlen, ein allmählicher Prozess ist, und es ist in

Ordnung, einen Schritt nach dem anderen zu gehen. Jede Strategie, die Sie anwenden, ist ein Werkzeug, das Ihnen hilft, sich auf einen Punkt zuzubewegen, an dem Ihre Angst Ihr Leben nicht mehr diktiert. Mit Geduld und Übung können Sie das Gefühl der Sicherheit und Ruhe finden, das Sie verdienen.

Einfache Schritte, um Hypervigilanz zu reduzieren und Frieden zu finden

Das Leben mit Hypervigilanz kann dazu führen, dass sich die Welt wie eine ständige Bedrohung anfühlt, in der sich jedes Geräusch, jede Bewegung oder jede Veränderung verstärkt und potenziell gefährlich anfühlt. Es ist, als ob Ihr internes Alarmsystem ständig in Alarmbereitschaft versetzt ist, was dazu führen kann, dass Sie sich erschöpft und überfordert fühlen. Es ist zwar natürlich, sich schützen zu wollen, aber ständig nervös zu sein, kann sich erheblich auf Ihr Wohlbefinden auswirken. Die gute Nachricht ist, dass es umsetzbare Schritte gibt, die Sie unternehmen können, um die Hypervigilanz zu verringern und ein Gefühl der Sicherheit in Ihrem Alltag zu finden.

Ein unmittelbarer Schritt, um mit Hypervigilanz umzugehen, ist das Üben von Erdungstechniken. Dies sind einfache Übungen, die Ihnen helfen sollen, mit dem gegenwärtigen Moment in

Verbindung zu bleiben, anstatt sich in ängstlichen Gedanken oder Gefühlen zu verfangen. Probiere zum Beispiel die 5-4-3-2-1-Methode aus, bei der du fünf Dinge identifizierst, die du sehen kannst, vier Dinge, die du berühren kannst, drei Dinge, die du hören kannst, zwei Dinge, die du riechen kannst, und eine Sache, die du schmecken kannst. Diese Übung kann dir helfen, deinen Fokus von den wahrgenommenen Bedrohungen um dich herum abzulenken und dich wieder in einen geerdeteren Geisteszustand zu versetzen.

Eine weitere effektive Strategie besteht darin, einen sicheren Raum für sich selbst zu schaffen. Dies kann ein physischer Raum in Ihrem Zuhause sein, in dem Sie sich wohl und sicher fühlen, oder es könnte ein mentaler Raum sein, den Sie durch Entspannungstechniken besuchen. Füllen Sie diesen Raum mit Gegenständen oder Aktivitäten, die Ihnen Komfort und Ruhe bringen – sei es eine kuschelige Decke, beruhigende Musik oder ein Lieblingsbuch. Wenn Sie sich überfordert fühlen, ziehen Sie sich in diesen sicheren Raum zurück, um Ihre Nerven zu beruhigen und sich daran zu erinnern, dass Sie einen Ort haben, an dem Sie die Kontrolle haben.

Atemübungen können auch unglaublich nützlich sein, um Hypervigilanz zu reduzieren. Wenn Ihr Körper in höchster Alarmbereitschaft ist, wird Ihr Atem oft flach und schnell, was das Gefühl der Angst verstärken kann. Indem du tiefes, langsames Atmen übst, kannst du deinem Körper signalisieren, dass es sicher ist, sich zu entspannen. Versuchen Sie, langsam durch die Nase einzuatmen und bis vier zu zählen, den Atem bis vier anzuhalten und dann langsam durch den Mund auszuatmen, bis sechs zu zählen. Wiederholen Sie diesen Vorgang einige Male, um Ihr Nervensystem zu beruhigen und die Intensität der Hypervigilanz zu reduzieren.

Die Etablierung einer Routine kann Ihrem Tag ein Gefühl von Struktur und Vorhersehbarkeit verleihen, was dazu beitragen kann, die ständige Wachsamkeit, die Hypervigilanz mit sich bringt, zu mildern. Erstellen Sie einen Tagesplan, der Zeit für Aktivitäten enthält, die Ihnen Spaß machen, Selbstfürsorge und Entspannung. Eine Routine kann dazu beitragen, dass sich Ihr Geist ruhiger und weniger nervös fühlt, da sie einen Rahmen bietet, auf den Sie sich verlassen und den Sie kontrollieren können.

Regelmäßige körperliche Aktivität ist ein weiteres wirksames Instrument zur Bewältigung von Hypervigilanz. Bewegung hilft, Endorphine freizusetzen, die natürliche Stimmungsaufheller sind, und sie kann auch den allgemeinen Stress in Ihrem Körper reduzieren. Egal, ob es sich um einen sanften Spaziergang, eine Yogastunde oder eine andere Form von Bewegung handelt, die Ihnen Spaß macht, die Einbeziehung körperlicher Aktivität in Ihre Routine kann dazu beitragen, Ihren Fokus von ständiger Wachsamkeit auf positive, gesundheitsfördernde Aktivitäten zu verlagern.

Unterschätzen Sie nicht die Macht, über Ihre Erfahrungen zu sprechen. Wenn du deine Gefühle mit einem vertrauenswürdigen Freund, Familienmitglied oder Therapeuten teilst, kann das Erleichterung und Unterstützung bieten. Manchmal kann es schon sein, wenn du deine Bedenken aussprichst und deine Gefühle anerkennst, um ihren Einfluss auf dich zu verringern. Es ist eine Möglichkeit, Ihre Erfahrungen zu bestätigen und das Verständnis und die Ermutigung zu erhalten, die Sie brauchen, um Ihren Geist zu beruhigen.

Indem Sie diese Schritte unternehmen, können Sie beginnen, mit Hypervigilanz umzugehen und einen friedlicheren Raum in Ihrem Leben zu schaffen. Denken Sie daran, dass jede kleine Handlung, die Sie unternehmen, ein Schritt ist, um sich sicherer und weniger überfordert zu fühlen. Es geht darum, herauszufinden, was für Sie am besten funktioniert, und diese Praktiken in Ihr tägliches Leben zu integrieren, um Ihnen allmählich zu helfen, ein Gefühl der Ruhe und Kontrolle wiederzuerlangen.

Teil 4

Praktische Anwendungen und Fallstudien

Kapitel 11

Erste Sitzung und darüber hinaus: Was Sie in der Therapie erwartet

Sich auf eine Therapie einzulassen, kann sich anfühlen, als würde man ins Unbekannte eintauchen, besonders wenn es sich um etwas so Nuanciertes wie die traumafokussierte kognitive Verhaltenstherapie (TKVT) handelt. Zu verstehen, was Sie erwartet, kann helfen, einige der Ängste und Unsicherheiten zu lindern, die oft mit diesem wichtigen Schritt einhergehen. Egal, ob Sie ein Überlebender sind, der eine Therapie beginnt, oder ein Therapeut, der sich darauf vorbereitet, jemanden durch diesen Prozess zu führen, zu wissen, was sich normalerweise in diesen Sitzungen entfaltet, kann einen beruhigenden Fahrplan für die bevorstehende Reise bieten.

Wenn Sie in diese erste Sitzung gehen, ist es normal, eine Mischung aus Besorgnis und Hoffnung zu verspüren. Beim Erstgespräch geht es darum, den Grundstein für das zu legen, was kommt. Für Überlebende geht es bei dieser Sitzung oft darum, ihren Therapeuten kennenzulernen und ein Gefühl der Sicherheit und des Vertrauens aufzubauen. Ihr Therapeut wird wahrscheinlich Fragen zu Ihrem Hintergrund, Ihren Erfahrungen mit Traumata und wie diese Erfahrungen Ihr Leben beeinflusst haben, stellen. Hier geht es nicht nur darum, Informationen zu sammeln; Es geht darum, einen Raum zu schaffen, in dem man sich gehört und verstanden fühlt. Es ist völlig in Ordnung, sich Zeit zu nehmen, um Ihre Geschichte in Ihrem eigenen Tempo zu erzählen. Das Ziel ist es, eine kollaborative Beziehung aufzubauen, in der Sie sich wohl und unterstützt fühlen.

In diesen frühen Stadien wird der Therapeut auch mit Ihnen zusammenarbeiten, um Ziele für die Therapie festzulegen. Diese Ziele sind auf Ihre individuellen Bedürfnisse und Anliegen zugeschnitten und konzentrieren sich auf die Symptome und Herausforderungen, die Ihnen am wichtigsten sind. Gemeinsam besprechen Sie, was Sie erreichen möchten und wie TKVT Ihnen dabei helfen kann, dieses Ziel zu erreichen. Dies ist eine Zeit, in der Sie Erwartungen setzen und sicherstellen können, dass sowohl Sie als auch Ihr Therapeut in Ihren Zielen für den Therapieprozess übereinstimmen.

Im weiteren Verlauf der Therapie folgen die Sitzungen in der Regel einem strukturierten Format. TKVT ist so konzipiert, dass es sowohl systematisch als auch flexibel ist und sich an Ihre sich ändernden Bedürfnisse anpasst. In den mittleren Phasen der Therapie beginnen Sie, sich mit den Kernkomponenten der TKVT zu befassen. Dazu gehört oft das Erlernen von Techniken, um traumabedingte Symptome zu bewältigen und zu reduzieren. Sie können sich an Aktivitäten wie kognitiver Umstrukturierung beteiligen, bei denen Sie daran arbeiten, nicht hilfreiche Gedanken zu ändern, die mit dem Trauma verbunden sind, oder Expositionstherapie, bei der Sie traumabezogene Erinnerungen allmählich auf sichere und kontrollierte Weise konfrontieren und verarbeiten.

Ein wesentlicher Teil der TKVT ist der Fokus auf die Vermittlung von Bewältigungsstrategien. Diese Strategien sind praktische Werkzeuge, die Ihnen helfen, belastende Symptome im Moment zu bewältigen. Du lernst und übst Erdungstechniken, Entspannungsübungen und Möglichkeiten, negatives Denken herauszufordern. Diese Tools sollen Sie stärken, Ihnen ein Gefühl der Kontrolle vermitteln und Ihnen helfen, sich besser gerüstet zu fühlen, um mit den emotionalen Turbulenzen umzugehen, die mit der Traumabewältigung einhergehen können.

Wenn Sie in die späteren Phasen der Therapie eintreten, verlagert sich der Fokus oft auf die Konsolidierung und Planung für die Zukunft. Zu diesem Zeitpunkt haben Sie und Ihr Therapeut zusammengearbeitet, um die Kernprobleme im Zusammenhang mit dem Trauma anzugehen, und der Fokus wird sich darauf verlagern, die erlernten Fähigkeiten zu verstärken und sie in Ihrem täglichen Leben anzuwenden. In dieser Phase geht es darum, sich auf das Ende der Therapie vorzubereiten und sicherzustellen, dass Sie über eine solide Grundlage an Fähigkeiten verfügen, um Ihre weitere Heilung zu unterstützen. Sie besprechen Strategien zur Aufrechterhaltung des Fortschritts und zur Bewältigung zukünftiger Herausforderungen, um sicherzustellen, dass Sie sich sicher fühlen, Ihr Wohlbefinden selbstständig zu verwalten.

Während des gesamten Prozesses ist die Therapie ein gemeinschaftliches Unterfangen. Es geht darum, zusammenzuarbeiten, um die Auswirkungen von Traumata zu verstehen und anzugehen, wobei der Therapeut Sie anleitet und unterstützt, während Sie sich aktiv an Ihrer eigenen Heilung beteiligen. Offene Kommunikation ist der Schlüssel; Wenn etwas bei Ihnen nicht funktioniert oder wenn Sie Bedenken haben, ist es wichtig, diese mit Ihrem Therapeuten zu teilen. Die therapeutische Beziehung basiert auf Vertrauen und gegenseitigem Respekt, und Ihr Feedback hilft dabei, die Therapie so zu gestalten, dass sie Ihren Bedürfnissen am besten entspricht.

Insgesamt kann der Weg durch TKVT zwar Herausforderungen und emotionale Erkundungen beinhalten, aber es ist auch eine Reise zu mehr Verständnis, Heilung und Ermächtigung. Jede Sitzung baut auf der letzten auf und schafft einen zusammenhängenden und unterstützenden Rahmen für die Bewältigung von Traumata und die Förderung der Genesung. Während Sie die Therapie fortsetzen, denken Sie daran, dass jeder Schritt, den Sie unternehmen, ein Beweis für Ihre Stärke und Widerstandsfähigkeit ist und Sie einem Ort größeren Friedens und Kontrolle näher bringt.

Wie jede Sitzung aussieht und wie sie dir bei der Heilung hilft

Der Beginn einer Therapie kann sich anfühlen, als würde man ins Unbekannte eintauchen, aber zu verstehen, was jede Sitzung beinhaltet, kann helfen, den Prozess zu entmystifizieren und Sie auf den Erfolg vorzubereiten. In der traumafokussierten kognitiven Verhaltenstherapie (TKVT) ist jede Sitzung sorgfältig strukturiert, um Sie auf unterstützende und überschaubare Weise durch Ihre Heilungsreise zu führen. Das Ziel ist es, einen klaren Weg zu finden, der den Prozess weniger überwältigend und eher wie eine Reihe erreichbarer Schritte zur Genesung erscheinen lässt.

Im Mittelpunkt jeder Sitzung steht die Zielsetzung. Hier ermitteln Sie und Ihr Therapeut gemeinsam, was Sie in der Therapie erreichen wollen. Beim Setzen von Zielen geht es nicht darum, Druck zu erzeugen, sondern darum, einen Fahrplan für Ihre Reise zu erstellen. Diese Ziele sind personalisiert und konzentrieren sich auf das, was Sie Ihrer Meinung nach angehen müssen – sei es, die Auswirkungen von Flashbacks zu reduzieren, Albträume zu bewältigen oder einfach Wege zu finden, sich in Ihrem täglichen Leben geerdeter zu fühlen. Ziele geben Ihren Sitzungen eine Richtung und bieten Ihnen ein Gefühl von Sinn und Motivation, während Sie Ihr Trauma verarbeiten.

Wenn du dich in den Kern der Sitzungen bewegst, beginnst du, Traumaerinnerungen zu verarbeiten. Dieser Teil der Therapie kann sich herausfordernd anfühlen, ist aber auch entscheidend für die Heilung. Der Prozess beinhaltet die sanfte Konfrontation und Verarbeitung der traumatischen Erfahrungen, die Sie vermieden haben oder mit denen Sie zu kämpfen haben. Ihr Therapeut wird Sie mit Techniken dabei unterstützen, die Ihnen helfen, sich sicher und unterstützt zu fühlen. Dies kann bedeuten, dass du die Ereignisse kontrolliert besprichst, lernst, die Erfahrung neu zu gestalten, oder dass du deine Reaktion auf traumabedingte Auslöser allmählich desensibilisiert. Das Ziel hier ist es, Ihnen zu helfen, diese Erinnerungen zu verstehen und zu verarbeiten, ohne überwältigt zu werden, und sie weniger störend für Ihr gegenwärtiges Leben zu machen.

Bei der Integration von TKVT-Techniken kommen die praktischen Werkzeuge ins Spiel. In jeder Sitzung werden spezifische Strategien vorgestellt und gefestigt, die Ihnen helfen, mit den Symptomen umzugehen und Bewältigungsfähigkeiten aufzubauen. Dies kann eine kognitive Umstrukturierung umfassen, bei der negative Denkmuster im Zusammenhang mit dem Trauma in Frage gestellt und geändert werden, oder Expositionstechniken, die Ihnen helfen, sich allmählich der Kraft traumabedingter Ängste zu stellen und sie zu reduzieren. Sie können auch Entspannungsübungen oder Erdungstechniken üben, die Ihnen helfen, präsent zu bleiben und Ängste zu bewältigen. Diese Techniken sind nicht nur abstrakte Konzepte; Sie sind praktische Werkzeuge, die Sie in Ihrem täglichen Leben einsetzen können, um Ihr emotionales Wohlbefinden zu verbessern.

Im Laufe der Sitzungen werden Sie feststellen, dass jeder Teil der Therapie miteinander verbunden ist. Die Zielsetzung hilft, die Arbeit zu fokussieren, die Verarbeitung von Traumaerinnerungen befasst sich mit der Wurzel der Probleme, und TKVT-

Techniken bieten die Werkzeuge, die zur Bewältigung von Symptomen und zur Förderung der Resilienz erforderlich sind. Im Laufe der Zeit wirst du wahrscheinlich allmähliche Veränderungen in der Art und Weise bemerken, wie du auf Stress reagierst, wie du Emotionen verarbeitest und wie du dich selbst und deine Erfahrungen empfindest. Der Weg durch die Therapie verläuft nicht immer linear, aber jede Sitzung baut auf der letzten auf und trägt zu einem umfassenden Heilungsprozess bei.

Denken Sie daran, Therapie ist eine Partnerschaft. Ihr Therapeut ist da, um Sie zu unterstützen, Sie durch jeden Schritt zu führen und den Ansatz nach Bedarf basierend auf Ihren Fortschritten und Ihrem Feedback anzupassen. Es ist ein Raum, in dem du offen über deine Erfahrungen sprechen, deine Gefühle erforschen und gemeinsam auf Heilung hinarbeiten kannst. Wenn Sie die Struktur jeder Sitzung verstehen und verstehen, was Sie erwartet, sind Sie besser gerüstet, um sich voll und ganz auf den Prozess einzulassen und das Beste aus der bevorstehenden therapeutischen Reise zu machen.

Förderung des Vertrauens und Messung des Therapiefortschritts

Der Beginn einer Therapie kann sich anfühlen, als würde man ins Unbekannte eintreten. Es ist eine neue Beziehung, ein neuer Raum, in dem du zutiefst persönliche und oft schmerzhafte Themen erforschen wirst. Der Aufbau einer Beziehung und eines Vertrauens zu Ihrem Therapeuten ist von entscheidender Bedeutung, da er ein sicheres und unterstützendes Umfeld schafft, in dem die Heilung wirklich beginnen kann. Diese Bindung ist das Fundament, auf dem Ihr Fortschritt aufgebaut wird, und es ist wichtig, dass sowohl Sie als auch Ihr Therapeut sie von der ersten Sitzung an aktiv pflegen.

Der Aufbau einer Beziehung beginnt mit einer offenen und ehrlichen Kommunikation. Zögern Sie nicht, Ihre Gedanken und Gefühle über den Therapieprozess mitzuteilen, einschließlich aller Bedenken oder Ängste, die Sie möglicherweise haben. Ihr Therapeut ist da, um Sie zu unterstützen, und Transparenz hilft ihm, Ihre Bedürfnisse besser zu verstehen. Denken Sie daran, dass Therapie ein kollaborativer Prozess ist, und Ihr Beitrag ist wertvoll für die Gestaltung der Reise. Diese Offenheit fördert den gegenseitigen Respekt und schafft einen Raum, in dem man sich bei der Auseinandersetzung mit schwierigen Themen wohlfühlen kann.

Genauso wichtig ist es, ein Umfeld zu schaffen, in dem Sie sich gehört und bestätigt fühlen. Die Rolle Ihres Therapeuten besteht nicht nur darin, zuzuhören, sondern auch darin, sich in Ihre

Erfahrungen einzufühlen und sie anzuerkennen. Wenn du dich jemals missverstanden oder unwohl fühlst, ist es in Ordnung, es anzusprechen. Eine effektive Therapie lebt von Feedback, und das Ansprechen von Problemen, sobald sie auftreten, stellt sicher, dass die Beziehung stark und unterstützend bleibt. Vertrauen aufzubauen bedeutet, zu wissen, dass Sie Ihre Bedürfnisse und Erwartungen offen äußern können, ohne Angst vor Verurteilung haben zu müssen.

Für Therapeuten bedeutet der Aufbau einer Beziehung, echtes Mitgefühl und Geduld zu zeigen. Es geht darum, einen Raum zu schaffen, in dem du dich wohl fühlst, wenn du deine innersten Gedanken und Ängste teilst. Sie werden wahrscheinlich Techniken wie aktives Zuhören, das Reflektieren dessen, was Sie teilen, und das Bestätigen Ihrer Emotionen anwenden, damit Sie sich verstanden fühlen. Dieser empathische Ansatz hilft, Barrieren abzubauen und eine Vertrauensbasis aufzubauen, die für eine effektive Therapie unerlässlich ist.

Die Messung des Fortschritts in der Therapie kann sich manchmal wie ein abstraktes Konzept anfühlen, aber es gibt praktische Möglichkeiten, um zu messen, wie die Dinge laufen. Eine wichtige Methode besteht darin, sich Ziele zu setzen und diese zu überprüfen. Zu Beginn der Therapie werden Sie und Ihr Therapeut wahrscheinlich zusammenarbeiten, um spezifische, erreichbare Ziele festzulegen. Diese Ziele sind nicht nur Benchmarks, sondern Spiegelbilder dessen, was Sie durch die Therapie erreichen möchten. Die regelmäßige Überprüfung dieser Ziele hilft sowohl Ihnen als auch Ihrem Therapeuten, den Fortschritt zu beurteilen und den Ansatz bei Bedarf anzupassen.

Eine weitere Möglichkeit, den Fortschritt zu messen, sind regelmäßige Check-ins. Dabei kann es sich um informelle Gespräche handeln, in denen Sie darüber sprechen, wie Sie sich über den Therapieprozess fühlen und welche Veränderungen Sie in Ihren Symptomen oder im täglichen Leben bemerkt haben. Ihr Therapeut kann auch standardisierte Bewertungen oder Fragebögen verwenden, um Veränderungen im Laufe der Zeit zu verfolgen. Diese Tools können ein klareres Bild davon vermitteln, wie sich die Therapie auf Ihr Wohlbefinden auswirkt, und dabei helfen, Bereiche zu identifizieren, in denen möglicherweise zusätzlicher Fokus erforderlich ist.

Es ist auch wichtig, kleine Siege auf dem Weg dorthin zu würdigen und zu feiern. Der Fortschritt in der Therapie ist nicht immer linear, und es wird Höhen und Tiefen geben. Die Anerkennung von Verbesserungen, egal wie klein, kann unglaublich motivierend sein. Egal, ob es darum geht, ein bisschen mehr Kontrolle über seine Emotionen zu haben, weniger Albträume zu haben oder einfach nur über sein Trauma sprechen zu können, ohne sich überfordert zu fühlen, jeder Schritt nach vorne ist ein Zeichen des Fortschritts.

Denken Sie schließlich daran, dass eine Therapie eine Reise ist. Beim Aufbau einer starken therapeutischen Beziehung und bei der Messung des Fortschritts geht es nicht darum, einen Endpunkt zu erreichen, sondern darum, sinnvolle Schritte in Richtung Heilung zu machen. Es geht darum, die Fortschritte, die du machst, zu erkennen und zu schätzen, wie schrittweise, und zu verstehen, dass jeder Schritt dich einem Ort größerer Stabilität und Frieden näher bringt.

Kapitel 12

Fallstudie: Wiederaufbau von Vertrauen nach einem Trauma

Lassen Sie mich Ihnen Emily vorstellen, eine aufgeweckte und mitfühlende Frau Anfang dreißig, die nach einem sexuellen Übergriff eine tiefgreifende Veränderung in ihrem Leben erlebte. Vor dem Übergriff war Emily für ihre Wärme und ihr aufgeschlossenes Wesen bekannt, die sich oft an gesellschaftlichen Zusammenkünften erfreute und enge Beziehungen zu Freunden und Familie pflegte. Nach dem traumatischen Ereignis kämpfte sie jedoch mit einem tiefen Gefühl des Verrats, sowohl von anderen als auch von sich selbst. Das Vertrauen, das sie einst in die Welt um sie herum hatte, schien über Nacht zu verschwinden.

Nach ihrem Übergriff stand Emily vor einer gewaltigen Herausforderung: der allgegenwärtigen Erosion des Vertrauens. Sie fühlte sich von ihren Freunden und ihrer Familie getrennt und wusste nicht, auf wen sie sich verlassen konnte. Jede

Interaktion war von Misstrauen geprägt, und sie begann, sich zurückzuziehen und sich von genau den Unterstützungssystemen zu isolieren, die einst ihre Kraftquelle gewesen waren. Sie hinterfragte ihr eigenes Urteilsvermögen und zweifelte an ihrer Fähigkeit, sichere Entscheidungen zu treffen und sich vor Schaden zu schützen. Der Übergriff hatte nicht nur ihr Sicherheitsgefühl erschüttert, sondern auch ihr Vertrauen in ihre eigenen Wahrnehmungen und Beziehungen untergraben.

Emilys Reise zur Heilung begann, als sie eine Therapie suchte, insbesondere die traumafokussierte kognitive Verhaltenstherapie (TKVT). Sie wusste, dass sie Hilfe brauchte, war sich aber nicht ganz sicher, was sie von diesem neuen Ansatz erwarten sollte. Die Therapiesitzungen konzentrierten sich zunächst darauf, ihr zu helfen, das Trauma zu verstehen und zu verarbeiten. Emily arbeitete mit ihrem Therapeuten zusammen, um sich den intensiven Emotionen und beunruhigenden Gedanken zu stellen, die durch den Übergriff aufkamen. Sie lernte, dass ihre Gefühle des Misstrauens eine natürliche Reaktion auf ihr Trauma waren und nicht ein Spiegelbild ihres Wertes oder ihres Urteilsvermögens.

Einer der ersten Schritte auf Emilys TKVT-Reise bestand darin, ihre Ängste und Missverständnisse über Vertrauen anzugehen. Ihr Therapeut führte sie durch die kognitive Umstrukturierung und half Emily, ihre negativen Überzeugungen neu zu formulieren. Sie arbeitete daran, die automatischen Gedanken zu erkennen und zu hinterfragen, die ihr sagten, dass jeder eine potenzielle Bedrohung darstellte oder dass sie von Natur aus unsicher war. Indem sie sich langsam mit diesen Ängsten auseinandersetzte und sie durch ausgewogenere, realistischere Gedanken ersetzte, begann Emily, ihr Selbstvertrauen wieder aufzubauen. Sie lernte, dass der Angriff zwar ein bedeutender Verrat war, aber nicht bedeutete, dass jeder um sie herum sie verraten würde oder dass sie ihren eigenen Instinkten misstrauen sollte.

Erdungstechniken spielten auch eine wichtige Rolle bei Emilys Genesung. Diese Praktiken halfen ihr, präsent und mit dem Hier und Jetzt verbunden zu bleiben, anstatt von vergangenen Traumata überwältigt zu werden. Ihr Therapeut führte sie zum Beispiel in Achtsamkeitsübungen und tiefe Atemtechniken ein, die Emily als hilfreich empfand, um die Angst zu bewältigen, die oft mit ihren Interaktionen mit anderen einherging. Indem sie diese Techniken in ihren Alltag integrierte, begann Emily, ein Gefühl der Kontrolle über ihre emotionalen Reaktionen wiederzuerlangen und die Auswirkungen ihres Traumas auf ihr tägliches Leben zu reduzieren.

Als Emily in ihrer Therapie Fortschritte machte, begann sie, diese neuen Fähigkeiten auf ihre Beziehungen anzuwenden. Um das Vertrauen bei anderen wiederherzustellen, mussten kleine, bewusste Schritte unternommen werden. Ihr Therapeut ermutigte sie, sich allmählich wieder mit ihren sozialen Kreisen auseinanderzusetzen, beginnend mit unterstützenden Interaktionen mit geringem Druck. Emily hat sich auf sichere und überschaubare Weise wieder mit ein paar engen Freunden verbunden und sich darauf konzentriert, diese Verbindungen in ihrem eigenen Tempo wiederherzustellen. Sie praktizierte eine offene Kommunikation, drückte ihre Gefühle aus und setzte Grenzen, was ihr half, sich in ihren Beziehungen sicherer und unterstützter zu fühlen.

Durch den TKVT-Prozess lernte Emily, dass es bei der Wiederherstellung des Vertrauens nicht darum geht, die Vergangenheit auszulöschen, sondern darum, eine neue, sicherere Gegenwart zu schaffen. Sie erkannte, dass es bedeutete, wieder Vertrauen zu haben, ihren Schmerz anzuerkennen und sich gleichzeitig die Möglichkeit zu geben, neue, positive Interaktionen zu erleben. Im Laufe der Zeit stellte Emily fest, dass ihre Beziehungen erfüllender wurden und weniger von den Schatten ihres Traumas getrübt wurden. Auch ihr Selbstvertrauen wurde stärker, so dass sie Entscheidungen mit größerem Selbstvertrauen treffen und ihr Leben mit einem neuen Gefühl der Sicherheit und Hoffnung leben konnte.

Emilys Geschichte ist ein kraftvolles Zeugnis für die Widerstandsfähigkeit und Heilung, die TKVT fördern kann. Ihr Weg zeigt, dass der Wiederaufbau von Vertrauen nach einem Trauma zwar eine Herausforderung sein kann, aber mit der richtigen Unterstützung und den richtigen Strategien möglich ist. Durch die Therapie konnte Emily ihr Gefühl der Sicherheit zurückgewinnen und wieder sinnvolle Verbindungen zu sich selbst und anderen aufbauen. Ihre Erfahrung zeigt, dass die Heilung von Traumata kein geradliniger Weg ist, sondern voller Möglichkeiten für Wachstum, Selbstfindung und neues Vertrauen.

Auf der Suche nach dem Weg zurück

Nach einem Trauma wieder Vertrauen aufzubauen, ist wie das Zusammensetzen eines zerbrochenen Spiegels. Jedes Stück repräsentiert einen Teil ihrer Identität, ihres Sicherheitsgefühls und ihres Glaubens an das Gute in der Welt. Der Prozess kann herausfordernd und voller Hindernisse sein, aber es ist auch ein Weg zu tiefgreifender Heilung und Wiederentdeckung. In der Therapie sah sie sich mit Hürden konfrontiert, die sich sowohl entmutigend als auch zutiefst persönlich anfühlten. Einmal gebrochenes Vertrauen kommt nicht so leicht zurück, und der Weg, es zurückzugewinnen, erfordert oft das Navigieren in einer Landschaft der Angst, Verletzlichkeit und Selbstzweifel.

Eine der größten Herausforderungen, mit denen sie konfrontiert war, war die Auseinandersetzung mit dem allgegenwärtigen Gefühl des Misstrauens, das auf ihr Trauma folgte. Das Trauma hatte nicht nur ihre Fähigkeit, anderen zu vertrauen, beeinträchtigt, sondern auch ihr Vertrauen in sich selbst. Es fiel ihr schwer, an ihre eigenen Urteile und Entscheidungen zu glauben, und hinterfragte sich selbst in den einfachsten Situationen. Dieser Mangel an Vertrauen war ein ständiges Hindernis, das ihren Umgang mit geliebten Menschen und ihr eigenes Selbstwertgefühl beeinträchtigte.

Während der Therapie erwiesen sich spezifische TKVT-Techniken als Hoffnungsträger. Die kognitive Umstrukturierung zum Beispiel wurde zu einem entscheidenden Instrument, um ihr zu helfen, die negativen Überzeugungen, die das Trauma eingeflößt hatte, neu zu formulieren. Diese Überzeugungen wie "Ich bin nicht sicher" oder "Ich kann niemandem vertrauen" waren tief verwurzelt und verstärkten ihr Gefühl der Unsicherheit kontinuierlich. Durch kognitive Umstrukturierung lernte sie, diese Gedanken in Frage zu stellen und sie nach und nach durch ausgewogenere und stärkendere Überzeugungen zu ersetzen. Diese Veränderung erfolgte nicht augenblicklich, aber im Laufe der Zeit ermöglichte sie es ihr, die Welt durch die Linse des Potenzials und nicht durch die ständige Bedrohung zu sehen.

Eine weitere wirksame Technik war die allmähliche Exposition, die ihr half, sich den Ängsten zu stellen, die sich festgesetzt hatten. Indem sie kleine, überschaubare Schritte unternahm, um Situationen zu begegnen, die sich überwältigend anfühlten, begann sie, ihr Selbstvertrauen wieder aufzubauen. Jeder erfolgreiche Schritt, egal wie klein er war, war ein Sieg auf dem Weg zur Wiedererlangung eines Gefühls von Kontrolle und Sicherheit. Wenn zum Beispiel soziale Interaktionen einschüchternd geworden sind, könnte eine allmähliche Exposition bedeuten, mit kurzen, unter geringem Druck stehenden Interaktionen zu beginnen und sich langsam zu schwierigeren Situationen vorzuarbeiten. Dieser Prozess half ihr, das Vertrauen in andere und in ihre eigene Fähigkeit, mit diesen Interaktionen umzugehen, ohne überfordert zu werden, wieder aufzubauen.

Erdungstechniken spielten auch in ihrer Therapie eine zentrale Rolle. Diese Techniken halfen ihr, im gegenwärtigen Moment verankert zu bleiben und sich von aufdringlichen Flashbacks und überwältigenden Emotionen zu befreien. Einfache Übungen wie tiefe Atemübungen oder Achtsamkeitsmeditation ermöglichten es ihr, die unmittelbare Not zu bewältigen und ein Gefühl der Ruhe zu schaffen. Sie wurden für sie zu Werkzeugen, um die Kontrolle über ihre emotionalen Reaktionen wiederzuerlangen und sich daran zu erinnern, dass sie im Hier und Jetzt sicher war.

Durch diese Techniken und den unterstützenden Rahmen der TKVT begann sie, ihr Gefühl der Sicherheit und des Selbstwertgefühls wieder aufzubauen. Es war ein schrittweiser Prozess, der von Fortschritten und Rückschlägen geprägt war. Aber mit jedem Schritt nach vorne gewann sie ein Stück ihres Selbstvertrauens und ein neues Gefühl des Vertrauens zurück. Beim Wiederaufbau von Vertrauen ging es nicht nur darum, anderen wieder vertrauen zu lernen; Es ging darum, zu lernen, sich selbst und ihrer eigenen Fähigkeit zur Heilung und zum Wachstum zu vertrauen.

Als sie ihre Reise fortsetzte, stellte sie fest, dass die Wiedererlangung ihres Gefühls von Sicherheit und Selbstwertgefühl eng mit ihrer Fähigkeit zu vertrauen verbunden war. Die Therapie gab ihr die Werkzeuge an die Hand, um die Auswirkungen des Traumas in Frage zu stellen und ihr Gefühl der Kontrolle und Selbstwirksamkeit wiederherzustellen. Mit der Zeit lernte sie, dass Vertrauen wieder aufgebaut werden konnte, nicht als Rückkehr zu ihrem früheren Selbst, sondern als neue, stärkere Version ihrer selbst, die sich Widrigkeiten gestellt hatte und mit einem tieferen Verständnis für ihre eigene Widerstandsfähigkeit hervorging. Diese Reise war nicht einfach, aber sie war ein Beweis für ihren Mut und ihre Entschlossenheit, zu heilen und ihr Leben zurückzugewinnen.

Eine Reise zurück zum Vertrauen

Stellen Sie sich vor, Sie wandern durch einen dichten, nebligen Wald, jeder Schritt ist ungewiss, jedes Geräusch wird verstärkt. Für viele Überlebende von Traumata fühlt es sich so an, das Vertrauen wiederherzustellen – ein überwältigender und verwirrender Prozess, bei dem jeder Weg unklar und jedes Geräusch bedrohlich erscheint. Doch selbst in diesem Nebel gibt es Möglichkeiten, den Weg zurück zu einem Ort der Sicherheit und des Vertrauens zu finden. Allmähliche Exposition und kognitive Umstrukturierung sind wie Leitplanken auf dieser Reise, die Ihnen helfen, sich im dichten Unterholz zurechtzufinden und einen klareren, beruhigenderen Weg zu finden.

Betrachten Sie Sarahs Erfahrung – eine Klientin, die nach einem traumatischen Ereignis, bei dem sie sich isoliert und ängstlich fühlte, zutiefst mit Vertrauen zu kämpfen hatte. In der Therapie begann Sarahs Reise mit einer allmählichen Entblößung. Bei diesem Ansatz geht es darum, sie sanft wieder an Situationen heranzuführen, die ihre Ängste ausgelöst haben, aber auf kontrollierte und überschaubare Weise. Zum Beispiel hatte Sarah ein tiefsitzendes Misstrauen gegenüber öffentlichen Räumen, weil sich ihr Trauma in einer überfüllten Umgebung ereignet hatte. Um ihr Vertrauen wieder aufzubauen, ermutigte ihre Therapeutin sie zunächst, weniger überfüllte Bereiche wie einen ruhigen Park zu besuchen, wo sie allmählich wieder Komfort und Vertrauen in den öffentlichen Raum gewinnen konnte. Jeder kleine, erfolgreiche Schritt stärkte ihre Widerstandsfähigkeit und half ihr, sich langsam ihren Ängsten zu stellen, ohne sie zu überwältigen.

Die kognitive Umstrukturierung spielte in diesem Prozess eine entscheidende Rolle. Bei dieser Technik geht es darum, die negativen und oft irrationalen Gedanken, die von einem Trauma herrühren, herauszufordern und zu verändern. Sarahs Gedanken waren oft von dem Glauben beherrscht, dass die Welt unsicher sei und dass man den Menschen nicht trauen könne. Während der Therapiesitzungen arbeitete ihr Therapeut mit ihr zusammen, um diese negativen Gedanken zu identifizieren und sie durch ausgeglichenere, realistischere zu ersetzen. Zum Beispiel glaubte Sarah anfangs, dass jede große Gruppe von Menschen zu Schaden führen würde, ein Gedanke, der sie daran hinderte, an gesellschaftlichen Zusammenkünften teilzunehmen oder an Gemeinschaftsaktivitäten teilzunehmen. Durch kognitive Umstrukturierung lernte sie, diese Gedanken kritischer zu bewerten, da sie erkannte, dass ihr Trauma zwar real war, dies aber nicht bedeutete, dass jeder überfüllte Raum eine Bedrohung darstellte.

Die Therapiesitzungen beinhalteten Rollenspiele und reale Übungen, um Sarah zu helfen, diese neuen Gedanken zu testen. In einer kontrollierten Umgebung übte Sarah, ihre anfänglichen Gedanken mit Beweisen und alternativen Perspektiven in Frage zu stellen. Während einer Sitzung half Sarahs Therapeut ihr beispielsweise, Situationen zu erkennen, in denen ihre Erfahrungen im öffentlichen Raum positiv oder neutral waren. Sie diskutierten und formulierten ihre Erfahrungen neu und zeigten ihr, dass nicht alle Interaktionen oder Einstellungen gefährlich waren. Dieser allmähliche Prozess, irrationale Gedanken durch ausgeglichenere zu ersetzen, half Sarah, eine neue Vertrauensbasis aufzubauen.

Ein weiterer wichtiger Aspekt von Sarahs Heilungsprozess war die Integration dieser

Techniken in ihr tägliches Leben. Ihr Therapeut ermutigte sie, die Fähigkeiten, die sie in der Therapie erlernt hatte, außerhalb der Sitzungen anzuwenden und allmähliche Exposition und kognitive Umstrukturierung auf alltägliche Situationen anzuwenden. Im Laufe der Zeit begann Sarah, einen Wandel in der Art und Weise zu beobachten, wie sie die Welt wahrnahm und mit ihr interagierte. Sie war in der Lage, Veranstaltungen mit Freunden zu besuchen, sich an sozialen Aktivitäten zu beteiligen und Beziehungen mit einem neu gewonnenen Gefühl des Vertrauens und der Zuversicht wieder aufzubauen.

Die Kombination aus allmählicher Exposition und kognitiver Umstrukturierung gab Sarah praktische Werkzeuge an die Hand, um ihre Ängste und Befürchtungen anzugehen. Es ermöglichte ihr, die Denkmuster, die in ihrem Trauma verwurzelt waren, herauszufordern und zu verändern, und gab ihr gleichzeitig die Möglichkeit, sich ihren Ängsten auf sichere und überschaubare Weise zu stellen und sie zu überwinden. Bei diesem Prozess ging es nicht darum, ihre Genesung zu überstürzen, sondern sie sanft Schritt für Schritt durch den Wald zu führen, bis sie mit einer klareren, vertrauensvolleren Perspektive durch den Wald ihrer Ängste gehen konnte.

Wenn man Sarahs Reise erzählt, wird deutlich, wie mächtig diese Techniken sein können, um das Vertrauen nach einem Trauma wiederherzustellen. Sie bieten einen strukturierten, mitfühlenden Weg, um die Wunden zu bewältigen, die das Trauma hinterlassen hat, und helfen den Überlebenden, ihr Gefühl der Sicherheit und des Vertrauens in sich selbst und die Welt um sie herum zurückzugewinnen.

Kapitel 13

Fallstudie: Albträume überwinden und Ruhe wiederherstellen

Fallstudie: Emmas Reise zu erholsamen Nächten durch Vorstellungstherapie

Lernen Sie Emma kennen, eine lebendige Frau Anfang dreißig, deren Leben durch ein traumatisches Ereignis, das sie vor einigen Jahren erlebte, zutiefst gestört wurde. Für Emma hatte sich das Trauma in ihren Träumen festgesetzt und ihre Nächte in ein Schlachtfeld verwandelt. Albträume wurden zu einem nächtlichen Ereignis, das das Trauma wiederholte und sie verängstigt und erschöpft zurückließ. Emmas Tage waren überschattet von der Furcht vor einer weiteren unruhigen Nacht und dem eindringlichen Echo ihrer Träume. Sie wusste, dass sie Hilfe brauchte, und so begann sie, nach Therapiemöglichkeiten zu suchen, die ihre nächtlichen Probleme lindern könnten.

Emmas Therapeutin schlug die Imagery Rehearsal Therapy (IRT) vor, eine Technik, die speziell entwickelt wurde, um Menschen bei der

Überwindung traumabedingter Albträume zu helfen. Der erste Schritt auf Emmas Reise bestand darin, ein tieferes Verständnis von IRT zu erlangen und zu erfahren, wie es ihr Erleichterung verschaffen könnte. IRT konzentriert sich darauf, den Inhalt von belastenden Träumen durch einen strukturierten Prozess zu verändern und dem Einzelnen zu helfen, die Kontrolle über seine Albträume zu übernehmen und sie in weniger beängstigende oder sogar positive Erfahrungen umzuwandeln.

Die Therapie begann damit, dass Emma und ihr Therapeut zusammenarbeiteten, um den spezifischen Inhalt ihrer Albträume zu identifizieren. Emma beschrieb detailliert die wiederkehrenden Themen und die intensiven Emotionen, die sie während dieser Träume erlebte. Dies war ein wichtiger Schritt, denn er ermöglichte es ihr, sich den Ängsten zu stellen, die sich in ihrem Schlaf manifestierten. Indem sie offen über die Albträume sprach, konnte Emma einen Einblick in die Art und Weise gewinnen, wie ihr Trauma ihr Unterbewusstsein beeinflusste. Dieser Prozess half auch, ihre Erfahrungen zu normalisieren und zeigte ihr, dass sie in ihrem Kampf nicht allein war und dass es wirksame Wege gab, ihre Not anzugehen.

Als nächstes beschäftigte sich Emma mit dem Imaginationsprobenteil der Therapie. Dazu gehörte, dass sie die Erzählungen ihrer Albträume umschrieb, während sie wach war. Emma wurde angeleitet, die lebendigen, beunruhigenden Bilder aus ihren Träumen zu nehmen und sie kreativ in handhabbarere oder sogar positivere Szenarien zu verwandeln. Wenn ihr Albtraum zum Beispiel darin besteht, gejagt zu werden, stellt sie sich die Szene neu vor, in der sie sich umdreht und sich in Sicherheit befindet oder sogar in der Lage ist, den Verfolger zu konfrontieren und mit ihm zu verhandeln. Diese Praxis half Emma nicht nur, ihre Albträume besser unter Kontrolle zu haben, sondern begann auch, die Angst vor dem Schlafen zu reduzieren.

Während Emma diese Vorstellungsprobe übte, verbrachte sie jeden Tag Zeit damit, ihre neuen Traumszenarien zu visualisieren. Dabei ging es nicht nur darum, den Inhalt zu verändern, sondern auch darum, ihre emotionale Reaktion auf ihre Träume neu zu gestalten. Durch das regelmäßige Üben dieser überarbeiteten Szenarien begann Emmas Verstand, sie zu akzeptieren und zu verinnerlichen. Je mehr sie übte, desto weniger intensiv und häufiger wurden ihre Albträume. Sie stellte fest, dass sie anfing, tiefer zu schlafen, ausgeruhter und weniger von Angst überwältigt zu sein.

Die positiven Veränderungen hörten nicht vor ihrem Schlaf auf. Als Emmas Albträume weniger belastend wurden, bemerkte sie eine deutliche Verbesserung ihrer allgemeinen Lebensqualität. Tagsüber fühlte sie sich weniger ängstlich, ihr Energielevel stieg und sie begann, ihre täglichen Aufgaben mit neuem Elan anzugehen. Die Erleichterung, die sie in ihrer nächtlichen Routine fand, begann sich durch ihre wachen Stunden zu ziehen und half ihr, ein Gefühl von Normalität und Lebensfreude wiederzuerlangen.

Emmas Reise durch das IRT unterstreicht die tiefgreifenden Auswirkungen, die die Bewältigung von Albträumen auf das Wohlbefinden einer Person haben kann. Indem sie proaktive Schritte unternahm, um ihre beunruhigenden Träume neu zu schreiben, konnte sie ihre Nächte zurückerobern und ihre Tage verbessern. Der Prozess der IRT half Emma nicht nur, ihre Albträume zu bewältigen, sondern befähigte sie auch, die Kontrolle über ihren Heilungsweg zu übernehmen und zu zeigen, dass es mit den richtigen Werkzeugen und Unterstützung möglich ist, selbst die beunruhigendsten Erfahrungen in Möglichkeiten für Wachstum und Genesung zu verwandeln.

Wiederherstellung eines ruhigen Schlafes

Wenn Albträume zu einem dauerhaften Teil deines Lebens werden, können sie sowohl deine Tage als auch deine Nächte überschatten. Die emotionalen Turbulenzen, wenn du traumatische Ereignisse in deinen Träumen noch einmal durchlebst, können dazu führen, dass sich jede Nacht wie ein Schlachtfeld anfühlt, und das Aufwachen jeden Morgen kann eher ein Gefühl der Angst als der Erleichterung bringen. Im Rahmen der Traumafokussierten Kognitiven Verhaltenstherapie (TKVT) stellt sich die Imagery Rehearsal Therapy (IRT) als ein mächtiges Werkzeug dar, um genau dieses Thema anzugehen. Zu verstehen, wie IRT funktioniert und wie es ein entscheidender Faktor auf Ihrem Weg zu einem erholsamen Schlaf sein kann, kann ein Leuchtfeuer der Hoffnung und einen greifbaren Weg nach vorne bieten.

Die Imagery Rehearsal Therapy (IRT) ist eine Technik, die Ihnen helfen soll, sich mit dem verstörenden Inhalt Ihrer Albträume auseinanderzusetzen und ihn zu transformieren. Im Kern geht es bei der IRT darum, die belastenden Elemente Ihrer Albträume zu nehmen und sie durch wiederholtes Üben in weniger beängstigende, besser handhabbare Szenarien umzugestalten. Es mag einfach klingen, aber dieser Prozess hat tiefgreifende Auswirkungen darauf, wie Ihr Gehirn traumabedingte Ängste und Befürchtungen verarbeitet. Indem du diese neuen, nicht bedrohlichen Versionen deiner Albträume übst, während du wach bist, kannst du deinen Geist allmählich neu trainieren und die Intensität und Häufigkeit der Albträume reduzieren.

Betrachten wir, wie IRT eine entscheidende Rolle für eine Person spielte, Sarah, die mit wiederkehrenden Albträumen im Zusammenhang mit ihrem Trauma zu kämpfen hatte. Für Sarah waren die Nächte voller lebhafter, erschütternder Träume, die sie verängstigt und erschöpft zurückließen. Ihre Angst vor dem Einschlafen wurde zu einem täglichen Kampf, der sich nicht nur auf ihre Nächte, sondern auch auf ihre Fähigkeit auswirkte, tagsüber effektiv zu funktionieren. Als Sarahs Therapeutin IRT als Teil ihres TKVT-Behandlungsplans einführte, markierte dies einen Wendepunkt in ihrer Genesung.

Gemeinsam begannen sie damit, die spezifischen Themen und Bilder zu identifizieren, die in Sarahs Albträumen wiederkehrten. Sie arbeiteten dann daran, neue, weniger belastende Szenarien für diese Traumelemente zu schaffen. Wenn Sarahs Albträume zum Beispiel oft darin bestanden, gejagt zu werden, gestalteten sie das Szenario so um, dass sie sich an einem sicheren Ort befand, umgeben von unterstützenden Figuren oder ermächtigt, die Kontrolle über die Situation zu übernehmen. Es ging nicht darum, das Trauma auszulöschen, sondern Sarahs Geist eine neue Erzählung zu geben, auf die sie sich während des Schlafs konzentrieren konnte.

Jeden Abend verbrachte Sarah ein paar Minuten vor dem Schlafengehen damit, diese neuen, positiven Bilder in ihrem Kopf zu proben. Indem sie diese veränderten Szenarien mental durchspielte, begann sie, weniger Albträume zu erleben und begann, ihre Nächte als Zeit der Ruhe statt der Angst zurückzugewinnen. Die Stärke der IRT liegt in ihrer Fähigkeit, einen mentalen Raum zu schaffen, in dem das Trauma seinen Halt verliert, so dass Sie den Schlaf mit mehr Ruhe und Zuversicht angehen können.

In Sarahs Fall gingen die Vorteile über einen verbesserten Schlaf hinaus. Als ihre Albträume seltener und weniger intensiv wurden, begann sich ihr allgemeines psychisches Wohlbefinden zu verbessern. Sie fühlte sich ausgeruhter und weniger ängstlich, was sich positiv auf ihr tägliches Leben auswirkte. IRT half Sarah, ein Gefühl der Kontrolle über ihren Schlaf wiederzuerlangen, was für jeden, der von einem Trauma heilt, von entscheidender Bedeutung ist. Indem sie die Albträume direkt ansprach, konnte Sarah nicht nur die Qualität ihrer Ruhe wiederherstellen, sondern auch ein Gefühl von Frieden und Stabilität, das lange Zeit schwer fassbar gewesen war.

Das Verständnis, wie sich IRT in TKVT integrieren lässt, ist ein aussagekräftiges Beispiel dafür, wie gezielte therapeutische Techniken spezifische

Traumasymptome behandeln können. Für alle, die mit ähnlichen Problemen zu kämpfen haben, kann das Wissen, dass es wirksame Strategien wie IRT gibt, Sicherheit und Orientierung bieten. Bei diesem Ansatz geht es nicht nur darum, mit Albträumen umzugehen; Es geht darum, das Recht auf erholsamen Schlaf und ein ausgeglicheneres, friedlicheres Leben zurückzufordern.

Teil 5

Langfristige Heilung und Vorwärtsgehen

Kapitel 14

Resilienz aufbauen: Stärken Sie Ihren emotionalen Werkzeugkasten

Sobald Sie die traumafokussierte kognitive Verhaltenstherapie (TKVT) durchlaufen haben, ist es natürlich, sich zu fragen, wie Sie die Fortschritte, die Sie gemacht haben, aufrechterhalten und darauf aufbauen können. Heilung ist ein fortlaufender Prozess, und obwohl TKVT Ihnen ein robustes Set an Werkzeugen und Strategien bietet, hört die Resilienz nicht auf, wenn die Therapie endet. Es geht darum, die erlernten Fähigkeiten weiterzutragen und Ihr emotionales Wohlbefinden im Alltag weiter zu fördern. Resilienz aufzubauen ist wie einen Garten zu kultivieren; Sie erfordert regelmäßige Pflege, Aufmerksamkeit und Geduld, auch nach der ersten Pflanzung.

Eine der wichtigsten Möglichkeiten, die Resilienz weiter auszubauen, besteht darin, die Fähigkeiten von TKVT in Ihren Alltag zu integrieren. Betrachten Sie diese Fähigkeiten als ein Werkzeugkasten, den

Sie erhalten haben, um durch die Höhen und Tiefen des Lebens zu navigieren. Ob es sich um Erdungstechniken zur Bewältigung von Flashbacks, kognitive Strategien zur Neuausrichtung negativer Gedanken oder Entspannungspraktiken zur Beruhigung von Angstzuständen handelt, diese Werkzeuge bleiben auch nach Abschluss der Therapie wertvoll. Indem Sie sie zu einem festen Bestandteil Ihres Lebens machen, verstärken Sie ihre Wirksamkeit und halten sie frisch in Ihrem Gedächtnis, sodass sie zur zweiten Natur werden.

Es ist auch wichtig, die Selbstfürsorgepraktiken fortzusetzen, die Ihre emotionale Gesundheit unterstützen. Erinnern Sie sich an die Selbstfürsorge-Routine, die Sie während der TKVT entwickelt haben? Pflegen Sie es weiter. Egal, ob es sich um das Schreiben eines Tagebuchs, das Üben von Achtsamkeit oder körperliche Aktivitäten handelt, die Ihnen ein gutes Gefühl geben, diese Praktiken helfen, Ihre Widerstandsfähigkeit zu erhalten. Sie dienen als tägliche Erinnerung daran, dass Sie die Kontrolle über Ihr Wohlbefinden haben und dass die Pflege Ihrer selbst eine ständige Priorität ist. Selbst kleine, konsequente Akte der Selbstfürsorge können Ihre Fähigkeit, mit Stress umzugehen und das emotionale Gleichgewicht aufrechtzuerhalten, erheblich beeinträchtigen.

Zum Aufbau von Resilienz gehört auch die Förderung eines unterstützenden Netzwerks. Die Verbindungen, die Sie während der Therapie geknüpft haben, sei es mit Ihrem Therapeuten, Selbsthilfegruppen oder Freunden, sind von unschätzbarem Wert. Bleiben Sie mit diesen unterstützenden Beziehungen engagiert und zögern Sie nicht, sich zu melden, wenn Sie Ermutigung oder ein offenes Ohr brauchen. Diese Verbindungen sind wie emotionale Sicherheitsnetze, die Ihnen Kraft und Sicherheit geben, während Sie weiter wachsen. Sie erinnern dich daran, dass du auf deinem Weg nicht allein bist und dass es in Ordnung ist, dich bei Bedarf auf andere zu stützen.

Sich weiterhin persönliche Ziele zu setzen und darauf hinzuarbeiten, kann auch ein wirksames Mittel sein, um Resilienz aufzubauen. Diese Ziele müssen nicht monumental sein; Sie können so einfach sein wie ein neues Hobby zu verfolgen, eine neue Fähigkeit zu erlernen oder kleine Veränderungen in deinem täglichen Leben vorzunehmen, die dir Freude und Erfüllung bringen. Das Setzen von Zielen hilft dabei, ein Gefühl von Sinn und Richtung zu schaffen und dir etwas zu geben, auf das du dich freuen und auf das du hinarbeiten kannst. Es bestärkt Sie in der Vorstellung, dass Sie die Fähigkeit haben, Ihre Zukunft zu gestalten, und dass Sie in der Lage sind, positive Veränderungen in Ihrem Leben zu bewirken.

Seien Sie schließlich nett zu sich selbst. Der Aufbau von Resilienz ist eine Reise, kein Ziel. Es wird Tage geben, an denen sich die Dinge schwieriger anfühlen als andere, und das ist in Ordnung. Es ist wichtig zu erkennen, dass Rückschläge ein normaler Teil des Prozesses sind und kein Spiegelbild Ihrer Stärke oder Ihres Fortschritts. Erlauben Sie sich, diese Momente ohne Urteil zu haben, und führen Sie sich sanft zurück zu den Werkzeugen und Strategien, die Ihr Wohlbefinden unterstützen.

Indem Sie die Fähigkeiten aus TKVT weiterhin integrieren, Selbstfürsorgepraktiken beibehalten, unterstützende Beziehungen pflegen, persönliche Ziele setzen und mitfühlend mit sich selbst umgehen, bewahren Sie nicht nur die Fortschritte, die Sie gemacht haben, sondern stärken auch Ihre Resilienz. Es geht darum, ein Leben zu schaffen, das sich auch angesichts von Herausforderungen überschaubar und erfüllend anfühlt. Ihre Reise der Resilienz geht weiter, und jeder Schritt, den Sie unternehmen, stärkt Ihre Stärke und Fähigkeit, über die Therapie hinaus erfolgreich zu sein.

Deine innere Stärke annehmen: Wie Selbstmitgefühl und konsequente Selbstfürsorge dauerhafte Resilienz aufbauen

Auf deinem Weg zur Heilung ist Selbstmitgefühl einer der mächtigsten Verbündeten, die du haben kannst. Selbstmitgefühl zu üben bedeutet, sich selbst mit der gleichen Freundlichkeit und dem gleichen Verständnis zu behandeln, die du einem lieben Freund entgegenbringen würdest. Wenn Sie Rückschläge erleiden oder vor neuen Herausforderungen stehen, ist es leicht, in Selbstkritik zu verfallen oder das Gefühl zu haben, nicht genug Fortschritte zu machen. Selbstmitgefühl ermutigt dich jedoch, deine Kämpfe ohne Urteil anzuerkennen, sanft zu dir selbst zu sein und zu erkennen, dass Heilung kein linearer Prozess ist. Es geht darum, sich selbst die Erlaubnis zu geben, unvollkommen zu sein, und zu verstehen, dass jeder Schritt, den du machst, egal wie klein er ist, ein Teil deines Wachstums ist.

Die Aufrechterhaltung einer Selbstfürsorgeroutine ist ein weiterer wichtiger Aspekt für den Aufbau von Resilienz. Betrachten Sie Ihre Selbstfürsorgepraktiken als eine nährende Umgebung für Ihr Wohlbefinden. Sie sind nicht nur vorübergehende Lösungen, sondern integrale Bestandteile Ihres täglichen Lebens, die dazu beitragen, Ihre emotionale und geistige Gesundheit zu erhalten. Indem Sie Selbstfürsorge zu einem regelmäßigen Bestandteil Ihrer Routine machen, schaffen Sie eine stabile Grundlage, die Sie durch die Höhen und Tiefen hindurch unterstützt. Es geht darum, sicherzustellen, dass du eine Reihe von Praktiken hast, die dich erden und dir helfen, zentriert zu bleiben, auch wenn das Leben dich vor Herausforderungen stellt.

Die Werkzeuge, die Sie in der Therapie gelernt haben, sind unerlässlich, um zukünftige Herausforderungen zu bewältigen. Die Therapie hat Sie mit wertvollen Strategien und Techniken ausgestattet, die Ihnen helfen, mit Symptomen umzugehen und schwierige Emotionen zu bewältigen. Die konsequente Verwendung dieser Tools hilft dabei, die entwickelten Fähigkeiten zu stärken und Ihr Selbstvertrauen im Umgang mit neuen Situationen zu stärken. Es geht nicht nur darum, diese Techniken im Moment der Krise anzuwenden, sondern sie in Ihren Alltag zu integrieren, so dass sie zur zweiten Natur werden. Egal, ob es sich um Erdungsübungen, kognitive Umstrukturierung oder Entspannungstechniken handelt, diese Werkzeuge sind Ihr emotionaler Werkzeugkasten, der Sie bei Bedarf unterstützt.

Es ist wichtig, sich daran zu erinnern, dass es bei Resilienz nicht darum geht, Schwierigkeiten zu vermeiden, sondern darum, ihnen mit den Ressourcen zu begegnen, die man kultiviert hat. Jedes Mal, wenn du Selbstmitgefühl übst, dich um dich selbst kümmerst oder deine therapeutischen Werkzeuge einsetzt, stärkst du deine emotionale Widerstandsfähigkeit. Sie bauen ein robustes internes Unterstützungssystem auf, das Ihnen helfen kann, die unvermeidlichen Herausforderungen des Lebens mit mehr Leichtigkeit und Zuversicht zu meistern. Auf dieser Reise geht es darum, zu lernen, sich auf sich selbst zu verlassen, in dem Wissen, dass man die Kraft und die Werkzeuge hat, um mit allem fertig zu werden, was auf einen zukommt.

Während du also weiter heilst und wachst, nimm diese Praktiken als wesentliche Bestandteile deines täglichen Lebens an. Erlauben Sie sich, freundlich und geduldig mit sich selbst zu sein, pflegen Sie Ihr Wohlbefinden durch konsequente Selbstfürsorge und vertrauen Sie auf die Wirksamkeit der Werkzeuge, die Sie gelernt haben. Dieser Ansatz hilft Ihnen nicht nur, unmittelbare Herausforderungen zu bewältigen, sondern baut auch eine dauerhafte Resilienz auf, die Sie befähigt, der Zukunft mit einem Gefühl der Stärke und Selbstsicherheit zu begegnen.

Stärken Sie Ihre innere Stärke

Die Stärkung Ihres emotionalen Werkzeugkastens ist wie das Hinzufügen leistungsstarker Werkzeuge zu einem Kit, das Ihnen hilft, sich auf dem unwegsamen Terrain der Traumabewältigung zurechtzufinden. Jedes Werkzeug, das Sie hinzufügen, ist eine Ressource, die Ihnen helfen kann, Ihre Gefühle zu bewältigen, Ihre Perspektive zu ändern und ein Gefühl von Stabilität und Kontrolle in Ihrem Leben zu schaffen. Lassen Sie uns einige praktische Möglichkeiten untersuchen, wie Sie diesen Werkzeugkasten aufbauen können, wobei wir uns auf Techniken wie Erdung, kognitive Umstrukturierung und Achtsamkeit konzentrieren.

Erdungstechniken sind unerlässlich, um mit dem gegenwärtigen Moment in Verbindung zu bleiben, insbesondere wenn Traumasymptome wie Flashbacks oder Angstzustände Sie in die Vergangenheit ziehen. Zum Beispiel könnte es hilfreich sein, die Erdungsübung "5-4-3-2-1" zu üben. Dazu gehört, fünf Dinge zu identifizieren, die Sie sehen können, vier Dinge, die Sie berühren können, drei Dinge, die Sie hören können, zwei Dinge, die Sie riechen können, und eine Sache, die Sie schmecken können. Diese Übung hilft dir, dich im Hier und Jetzt zu verankern und eine Pause von überwältigenden Emotionen zu schaffen. Eine andere Erdungstechnik könnte darin bestehen, einen kleinen Gegenstand zu tragen, der dir Komfort bietet – einen glatten Stein, ein Stück Stoff oder ein Foto. Wenn du dich verzweifelt fühlst, kann das Halten dieses Objekts dir helfen, dich wieder mit einem Gefühl der Sicherheit und Ruhe zu verbinden.

Die kognitive Umstrukturierung ist ein weiteres mächtiges Werkzeug in Ihrem emotionalen Werkzeugkasten. Dazu gehört, die negativen oder verzerrten Gedanken, die aus einem Trauma entstehen können, zu erkennen und zu hinterfragen. Wenn du dich zum Beispiel dabei ertappst, wie du denkst: "Ich bin immer in Gefahr", kannst du die kognitive Umstrukturierung nutzen, um diesen Glauben in Frage zu stellen und ihn durch einen ausgewogeneren Gedanken zu ersetzen, wie z. B. "Ich bin gerade in Sicherheit und ich habe gelernt, wie ich mich schützen kann." Dieser Prozess hilft Ihnen, Ihre Denkmuster neu zu gestalten und die Auswirkungen von Angst und Unruhe auf Ihr tägliches Leben zu reduzieren. Es geht darum, zu erkennen, dass das Trauma zwar deine Gedanken beeinflusst hat, du aber die Macht hast, sie neu zu formen und ihren Einfluss auf dich zu verringern.

Achtsamkeit ist wie ein sanfter Anker, der dir hilft, präsent zu bleiben und dir deiner Gedanken und Gefühle bewusst zu sein, ohne zu urteilen. Achtsamkeitsübungen können so einfach sein, dass

Sie sich jeden Tag ein paar Minuten Zeit nehmen, um ruhig zu sitzen und sich auf Ihre Atmung zu konzentrieren. Achten Sie beim Ein- und Ausatmen auf die Empfindungen des Atems, der in Ihren Körper ein- und ausströmt. Wenn dein Geist abschweift, führe ihn sanft zurück zum Atem und nimm alle Gedanken oder Emotionen wahr, ohne dich von ihnen überwältigen zu lassen. Diese Praxis hilft dir, einen Raum zwischen dir und deinen Gedanken zu schaffen, der es dir ermöglicht, ruhiger und nachdenklicher auf sie zu reagieren. Es geht nicht darum, schwierige Gefühle zu eliminieren, sondern zu lernen, mit ihnen auf eine mitfühlendere und ausgeglichenere Weise umzugehen.

Eine weitere Möglichkeit, Resilienz aufzubauen, ist Selbstmitgefühl. Freundlich zu sich selbst zu sein, besonders in schwierigen Zeiten, stärkt Ihren emotionalen Werkzeugkasten, indem es ein Gefühl der inneren Unterstützung fördert. Das könnte bedeuten, dass du mit der gleichen Freundlichkeit und dem gleichen Verständnis zu dir selbst sprichst, die du einem engen Freund entgegenbringen würdest. Wenn du Probleme hast, erinnere dich daran, dass es in Ordnung ist, schwierige Tage zu haben und dass du dein Bestes gibst. Selbstmitgefühl hilft dir, deine Heilungsreise mit Sanftmut und Geduld anzugehen und zu erkennen, dass es sich um einen Prozess handelt, der sich im Laufe der Zeit entfaltet.

Wenn Sie diese Werkzeuge in Ihr tägliches Leben integrieren, kann dies einen erheblichen Unterschied in der Art und Weise machen, wie Sie mit Ihren Emotionen umgehen und die Herausforderungen der Genesung meistern. Jede Technik, die Sie anwenden, baut auf den anderen auf und schafft so ein robusteres und widerstandsfähigeres emotionales Instrumentarium. Indem Sie Erdung, kognitive Umstrukturierung, Achtsamkeit und Selbstmitgefühl üben, rüsten Sie sich mit den Ressourcen aus, die Sie benötigen, um den Auswirkungen von Traumata mit größerer Kraft und Zuversicht zu begegnen. Es geht darum, sich selbst mit den Fähigkeiten auszustatten, mit den Höhen und Tiefen des Lebens umzugehen und den Weg zur Heilung ein wenig reibungsloser und überschaubarer zu gestalten.

Heilung als fortlaufenden Prozess verstehen

Wenn wir über Heilung nachdenken, ist es verlockend, sie uns als ein Ziel vorzustellen – einen Ort, den wir erreichen, wenn alles "repariert" ist und das Leben wieder normal wird. Aber in Wirklichkeit ist Heilung eher eine sich entwickelnde Reise, ein Weg mit Kurven und Wendungen, bei dem

Fortschritte in kleinen, bedeutungsvollen Schritten gemacht werden und nicht in einem großen Sprung. Diese Perspektive kann unglaublich befreiend sein. Es hilft uns zu erkennen, dass es bei Heilung nicht darum geht, einen perfekten Endpunkt zu erreichen, sondern darum, auf dem Weg dorthin kontinuierlich zu wachsen und sich anzupassen.

Stell dir deinen Weg zur Heilung eher als einen kurvenreichen Weg denn als einen geraden Weg vor. Es wird sanfte Abschnitte geben, in denen du dich gestärkt und stark fühlst, und es wird herausfordernde Abschnitte geben, in denen alte Wunden wieder auftauchen könnten. Beides ist ein integraler Bestandteil der Reise. Wenn Sie sich auf diesen fortlaufenden Prozess einlassen, können Sie jeden Schritt, den Sie unternehmen, akzeptieren und honorieren, egal wie klein er ist. Es bedeutet, zu verstehen, dass manche Tage härter sein werden als andere, und das ist völlig in Ordnung. Bei der Heilung geht es nicht darum, die Vergangenheit auszulöschen; Es geht darum, zu lernen, damit so zu leben, dass du Ruhe und Kraft finden kannst.

Überlegen Sie, wie Sie eine lange Wanderung angehen würden. Am Anfang mag der Weg entmutigend erscheinen, und der Gipfel scheint weit weg zu sein. Aber mit jedem Schritt machst du Fortschritte, und jeder noch so kleine Meilenstein bringt dich deinem Ziel näher. Ähnlich verhält es sich mit der Heilung, bei der Heilung ist jede Anstrengung, die du unternimmst – sei es, dich einer schwierigen Emotion zu stellen, eine neue Bewältigungsstrategie zu üben oder einfach einen schwierigen Tag zu überstehen – ein Schritt zum Aufbau von Resilienz und Wohlbefinden. Diese kleinen Siege sind es wert, gefeiert zu werden, denn sie stehen für Wachstum und Stärke.

Einer der wichtigsten Aspekte, um Heilung als eine Reise zu betrachten, ist die Erkenntnis, dass es für jeden eine persönliche und einzigartige Erfahrung ist. Es gibt keinen einheitlichen Ansatz, und es wird für jede Person unterschiedliche Wege und Zeitpläne geben. Indem du diese Perspektive einnimmst, erlaubst du dir die Flexibilität, deine Strategien nach Bedarf anzupassen und zu ändern, ohne den Druck zu haben, einer vordefinierten Vorstellung davon zu entsprechen, wie Heilung aussehen sollte. Es geht darum, herauszufinden, was für Sie am besten funktioniert, und sich selbst die Gnade zu geben, Ihren Kurs auf dem Weg dorthin anzupassen.

Denken Sie daran, dass der Aufbau von Resilienz ein fortlaufender Prozess ist. Jedes Mal, wenn du dich einer Herausforderung stellst oder eine schwierige Emotion wieder aufgreifst, stärkst du deinen emotionalen Werkzeugkasten. Bei diesem Toolkit geht es nicht nur um die Strategien, die Sie anwenden, sondern auch um die innere Stärke und das Mitgefühl, die Sie im Laufe der Zeit kultivieren. Je mehr du dich mit deiner Heilungsreise beschäftigst, desto widerstandsfähiger wirst du. Du lernst neue Wege, mit Rückschlägen umzugehen, entdeckst tiefere Kraftquellen und gewinnst mehr Einblick in dich selbst.

Indem du Heilung als eine kontinuierliche Reise betrachtest, erlaubst du dir auch, die Fortschritte, die du gemacht hast, zu schätzen, auch wenn es sich allmählich anfühlt. Jeder Schritt nach vorne ist ein Beweis für Ihren Mut und Ihre Entschlossenheit. Es ist wichtig, diese Momente des Fortschritts zu erkennen und zu würdigen, da sie Ihre Widerstandsfähigkeit und Ihr Engagement für Ihr eigenes Wohlbefinden widerspiegeln.

Denken Sie auf dieser Reise daran, dass Sie nicht allein sind. Viele andere gehen ähnliche Wege, jeder auf seine Weise. Indem du deine Erfahrungen teilst und von anderen lernst, baust du eine unterstützende Gemeinschaft auf, die deine Stärke und Ausdauer stärkt. Heilung ist eine gemeinsame Erfahrung, und indem du die Reise annimmst, verbindest du dich mit anderen, die den Weg verstehen, auf dem du dich befindest.

Auf dieser fortlaufenden Reise wird Ihr emotionaler Werkzeugkasten weiter wachsen und sich weiterentwickeln. Jede Technik, jede Einsicht und jeder Moment der Selbstfindung trägt zu Ihrer Fähigkeit bei, mit den Herausforderungen des Lebens umzugehen. Indem du den Prozess annimmst und deine Fortschritte feierst, bestätigst du deine Stärke und Widerstandsfähigkeit, in dem Wissen, dass jeder Schritt dich einem Ort größeren Friedens und Erfüllung näher bringt.

Kapitel 15

Selbstfürsorge für Therapeuten: Vorbeugung von Burnout und Mitgefühlsmüdigkeit

Die Arbeit mit Traumaüberlebenden hat einen tiefgreifenden Einfluss, und es ist leicht zu verstehen, warum: Die Geschichten, die Emotionen und die Kämpfe Ihrer Klienten können Sie tief berühren und oft Spuren in Ihrem eigenen emotionalen Wohlbefinden hinterlassen. Die Arbeit kann zwar unglaublich lohnend sein, bringt aber auch ihre eigenen Herausforderungen mit sich. Die emotionale Belastung, sich tagein, tagaus mit Traumata auseinanderzusetzen, kann zu Burnout und Mitgefühlsmüdigkeit führen, wenn sie nicht mit Sorgfalt und Absicht bewältigt wird. Aus diesem Grund ist die Entwicklung einer starken Selbstfürsorge-Routine für Therapeuten in diesem Bereich nicht nur vorteilhaft, sondern unerlässlich.

Wenn du deine Tage damit verbringst, anderen zu helfen, ihre tiefsten Ängste und Schmerzen zu bewältigen, ist es fast unvermeidlich, dass sich ein Teil dieses Gewichts auf deinen Schultern niederlässt. Geschichten von Traumata zu hören, den Kampf Ihrer Klienten mitzuerleben und Raum für ihre Heilung zu haben, kann emotional anstrengend sein. Diese ständige Exposition gegenüber einem hohen Maß an Stress kann sich auf Ihre eigene geistige und emotionale Gesundheit auswirken. Es ist, als würde man eine schwere Last tragen; Auch wenn du nicht derjenige bist, der das Trauma direkt erlebt, kann das Gewicht des Traumas mit der Zeit zur Last werden.

Burnout, gekennzeichnet durch emotionale Erschöpfung, verminderte persönliche Leistungsfähigkeit und ein Gefühl der Losgelöstheit, ist ein echtes Risiko für Therapeuten, die mit Traumaüberlebenden arbeiten. Es kann sich in einem Gefühl der Erschöpfung oder Erschöpfung manifestieren, bei dem Ihre Begeisterung für Ihre Arbeit nachlässt und es Ihnen schwerer fällt, sich sinnvoll mit Ihren Kunden auseinanderzusetzen. Mitgefühlsmüdigkeit hingegen kann dazu führen, dass Sie sich vom Leiden anderer überwältigt fühlen, was zu einer verminderten Fähigkeit zur Empathie und einem Gefühl der emotionalen Erschöpfung führt. Beide Ergebnisse wirken sich nicht nur auf

Ihre Fähigkeit aus, effektive Unterstützung zu leisten, sondern auch auf Ihre allgemeine Lebensqualität.

Hier wird die Selbstfürsorge zu einem wichtigen Bestandteil Ihrer beruflichen Praxis. Sich Zeit zu nehmen, um sich um sich selbst zu kümmern, ist kein Luxus, sondern eine Notwendigkeit. Es geht darum, ein Gleichgewicht zu schaffen, das es dir ermöglicht, weiterhin anderen zu geben, ohne deine eigenen Reserven zu erschöpfen. Regelmäßige Selbstfürsorge hilft Ihnen, die emotionale Belastung zu bewältigen und sicherzustellen, dass Sie nicht nur überleben, sondern in Ihrer Rolle als Therapeut erfolgreich sind. Es geht darum, zu erkennen, dass das eigene Wohlbefinden ein wesentlicher Bestandteil der Pflege ist, die man leistet. Du kannst nur so viel geben, wie du hast.

Selbstfürsorge kann viele Formen annehmen, vom Setzen von Grenzen, um sicherzustellen, dass Sie Zeit für Ruhe und persönliche Aktivitäten haben, bis hin zur Suche nach Supervision oder Peer-Support, wo Sie Ihre eigenen Erfahrungen und Herausforderungen besprechen können. Die Teilnahme an Aktivitäten, die Sie verjüngen, sei es, Zeit mit Ihren Lieben zu verbringen, Hobbys nachzugehen oder einfach nur Momente der stillen Reflexion zu nehmen, hilft, Ihre emotionalen Ressourcen wieder aufzufüllen. Diese Praktiken geben Ihnen die nötige Resilienz, um die herausfordernden Aspekte Ihrer Arbeit zu meistern und gleichzeitig ein Gefühl des persönlichen Wohlbefindens zu bewahren.

Darüber hinaus geht es bei der Selbstfürsorge darum, die eigenen emotionalen Reaktionen anzuerkennen und zu würdigen. Es ist leicht, Gefühle von Stress oder Müdigkeit zu überwinden, aber es ist entscheidend, sich selbst die Erlaubnis zu geben, diese Gefühle zu erkennen und anzugehen. Es geht darum, zu verstehen, dass es in Ordnung ist, sich überfordert zu fühlen, und dass die Suche nach Unterstützung oder ein Schritt zurück ein gesunder und notwendiger Teil ist, um Ihre Wirksamkeit als Therapeut aufrechtzuerhalten.

In diesem Kapitel untersuchen wir praktische Strategien und Erkenntnisse, die Ihnen helfen, Selbstfürsorge in Ihr Berufsleben zu integrieren. Indem Sie Ihr eigenes Wohlbefinden in den Vordergrund stellen, schützen Sie sich nicht nur vor Burnout und Mitgefühlsmüdigkeit, sondern verbessern auch Ihre Fähigkeit, Ihre Kunden effektiv zu unterstützen. Selbstfürsorge ist kein Zeichen von Schwäche; Es ist ein leistungsstarkes Instrument, um sicherzustellen, dass Sie belastbar, einfühlsam und engagiert in Ihrer wichtigen Arbeit bleiben.

Wesentliche Strategien für Therapeuten, um das emotionale Gleichgewicht zu wahren

Ein Therapeut zu sein, der Überlebende von Traumata unterstützt, ist eine zutiefst lohnende Aufgabe, aber sie kann auch unglaublich anspruchsvoll sein. Das emotionale Gewicht, andere auf ihrem Heilungsweg zu begleiten, fordert oft einen Tribut von Ihrem eigenen Wohlbefinden. Es ist wichtig, sich daran zu erinnern, dass Sie sich zuerst um sich selbst kümmern müssen, um Ihren Kunden die beste Unterstützung zu bieten. Die eigene emotionale Gesundheit zu managen ist kein Luxus – es ist eine Notwendigkeit. In diesem Kapitel sollen praktische Strategien vorgestellt werden, wie Sie dieses Gleichgewicht aufrechterhalten können, damit Sie weiterhin mitfühlende Pflege anbieten können, ohne Ihr eigenes geistiges und emotionales Wohlbefinden zu gefährden.

Klare und gesunde Grenzen zu setzen, ist einer der wichtigsten Aspekte der Selbstfürsorge für Therapeuten. Es ist leicht, sich emotional in die Kämpfe Ihrer Kunden zu verstricken, vor allem, wenn ihre Geschichten tief mit Ihren eigenen Erfahrungen in Resonanz stehen. Grenzen helfen dabei, einen Raum zu schaffen, in dem Sie professionelle Distanz wahren und dennoch einfühlsam sein können. Das bedeutet, dass Sie die Menge an Zeit und emotionaler Energie, die Sie in

Ihre Kunden investieren, begrenzen und sicherstellen, dass Sie eine klare Trennung zwischen Ihrem Berufs- und Privatleben haben. Es geht darum, ein Gleichgewicht zu finden, in dem Sie während der Sitzungen voll und ganz für Ihre Kunden da sein können, aber auch einen Schritt zurücktreten und neue Energie tanken können, wenn der Arbeitstag vorbei ist. Grenzen zu setzen kann bedeuten, einen strukturierten Zeitplan zu erstellen, Nein zu zusätzlichen Aufgaben oder Verantwortlichkeiten zu sagen, die Sie überfordern könnten, und sich Zeit für Aktivitäten zu nehmen, die Ihnen Freude und Entspannung bringen.

Die Suche nach Supervision ist eine weitere wichtige Strategie für den Umgang mit emotionalem Wohlbefinden. Regelmäßige Supervision bietet einen sicheren Raum, um über Ihre Praxis nachzudenken, herausfordernde Fälle zu besprechen und Unterstützung und Feedback zu erhalten. Es ist eine Gelegenheit, neue Perspektiven zu gewinnen, Ihre Gefühle zu Ihrer Arbeit zu erforschen und sicherzustellen, dass Sie nicht mehr mit sich herumtragen, als Sie bewältigen können. Supervision hilft Ihnen, geerdet und konzentriert zu bleiben, und gibt Ihnen auch die Gewissheit, dass Sie mit der Komplexität Ihrer Rolle nicht allein sind. Es ist eine Chance, alle Ihre Bedenken auszuräumen und sicherzustellen, dass Sie sich als Fachmann weiterentwickeln und gleichzeitig Ihre eigene psychische Gesundheit erhalten.

Die Einbeziehung persönlicher Achtsamkeits- und Entspannungstechniken in Ihre Routine kann auch einen erheblichen Unterschied bei der Stressbewältigung und der Vorbeugung von Burnout machen. Achtsamkeitspraktiken wie Meditation oder tiefe Atemübungen helfen Ihnen, präsent und zentriert zu bleiben und die Auswirkungen der täglichen Stressfaktoren zu reduzieren. Diese Techniken können Ihnen eine mentale Pause verschaffen und Ihnen helfen, sich von der emotionalen Intensität Ihrer Arbeit zu lösen. Egal, ob Sie sich jeden Tag ein paar Minuten Zeit nehmen, um zu meditieren, Yoga zu praktizieren oder einfach nur Aktivitäten nachzugehen, die Sie beruhigend und angenehm finden, diese Momente der Selbstfürsorge sind entscheidend für die Aufrechterhaltung Ihres allgemeinen Wohlbefindens.

Es ist wichtig, eine persönliche Entspannungsroutine zu finden, die zu Ihrem Lebensstil passt. Es kann bedeuten, sich Zeit für Hobbys zu nehmen, die du liebst, Zeit in der Natur zu verbringen oder dich mit Freunden und Familie zu treffen. Ziel ist es, einen Raum zu schaffen, in dem Sie sich entspannen und aufladen können und sich von den Anforderungen Ihrer beruflichen Rolle lösen können. Aktivitäten, die Ihnen Freude und Entspannung bringen, sind nicht nur eine Möglichkeit, der Arbeit zu entfliehen, sondern ein notwendiger Teil der Aufrechterhaltung Ihrer emotionalen Gesundheit und Widerstandsfähigkeit.

Denken Sie daran, sich um sich selbst zu kümmern, ist kein Zeichen von Schwäche; Es ist ein grundlegender Bestandteil eines effektiven und mitfühlenden Therapeuten. Indem Sie Grenzen setzen, Supervision suchen und Achtsamkeits- und Entspannungstechniken in Ihre Routine integrieren, investieren Sie in Ihr eigenes Wohlbefinden. Diese Investition stellt sicher, dass Sie Ihren Kunden weiterhin die beste Unterstützung bieten und gleichzeitig Ihre eigene geistige und emotionale Gesundheit fördern können.

Finden Sie Ihre Balance

Ein Therapeut zu sein, der Überlebenden von Traumata hilft, ist sowohl eine edle als auch eine anspruchsvolle Rolle. Das emotionale Gewicht, Kunden in ihren verletzlichsten Momenten zu unterstützen, kann zutiefst erfüllend, aber auch unglaublich anstrengend sein. Es ist wichtig, dass Therapeuten sich daran erinnern, dass sie zwar anderen einen Rettungsanker bieten, aber auch auf sich selbst aufpassen müssen, um weiterhin die bestmögliche Unterstützung zu bieten. Die Anforderungen dieser wichtigen Arbeit mit der persönlichen Selbstfürsorge in Einklang zu bringen, ist nicht nur von Vorteil, sondern auch entscheidend für eine lange und gesunde Karriere.

Einer der ersten Schritte, um dieses Gleichgewicht zu erreichen, besteht darin, klare Grenzen zu setzen. Das bedeutet, eine klare Trennung zwischen Arbeit und Freizeit zu schaffen. Legen Sie bestimmte Zeiten für Ihre Praxis fest und halten Sie sich so genau wie möglich daran. Wenn Ihr Arbeitstag endet, sollten Sie das Büro verlassen – sowohl körperlich als auch geistig. Es ist leicht, die Sorgen der Kunden noch lange nach Feierabend bestehen zu lassen, aber das Festlegen von Grenzen hilft, das Verschwimmen der Grenzen zwischen Berufs- und Privatleben zu verhindern. Diese Trennung ist nicht nur für das eigene Wohlbefinden von entscheidender Bedeutung, sondern hilft Ihnen auch, neue Energie und Klarheit zu tanken und jede neue Sitzung mit neuer Energie und Klarheit anzugehen.

Genauso wichtig ist es, regelmäßige Pausen in Ihren Tagesablauf einzubauen. Während der Sitzungen ist es leicht, sich in die emotionale Landschaft Ihrer Kunden zu vertiefen, aber kurze Pausen im Laufe des Tages können Ihnen helfen, geerdet zu bleiben. Egal, ob es sich um einen kurzen Spaziergang im Freien, ein paar Momente des Durchatmens oder ein kurzes Gespräch mit einem Kollegen handelt, diese kleinen Pausen können unglaublich erfrischend sein. Sie bieten die Möglichkeit, einen Schritt zurückzutreten, neu zu starten und mit einer neuen Perspektive zu Ihrer Arbeit zurückzukehren. Wenn Sie diese Momente ernst nehmen, bestärken Sie sich darin, dass Ihre eigenen mentalen und emotionalen Bedürfnisse genauso wichtig sind wie die Ihrer Kunden.

Ein weiterer praktischer Tipp ist, die eigene Therapie und Supervision in den Vordergrund zu stellen. So wie Ihre Kunden davon profitieren, einen sicheren Raum zu haben, in dem sie ihre Gefühle erforschen können, profitieren auch Sie davon. Die eigene therapeutische Arbeit kann Ihnen Unterstützung, Perspektive und Entlastung von der emotionalen Last bieten, die Sie mit sich herumtragen. Ebenso wichtig ist die Supervision, die einen Raum für professionelle Anleitung und Unterstützung bietet. Es ist eine Chance, schwierige Fälle zu besprechen, Ihre Reaktionen zu verarbeiten und Feedback zu Ihrer Praxis zu erhalten. Diese professionellen Unterstützungen sind keine Zeichen von Schwäche; Vielmehr sind sie unverzichtbare Werkzeuge, um Ihre Effektivität und Ihr Wohlbefinden zu erhalten.

Auch die Selbstfürsorge sollte in Ihren Alltag eingebettet sein. Das kann bedeuten, dass du dir Zeit für Aktivitäten nimmst, die du als verjüngend empfindest, sei es Sport, Lesen oder einfach nur ein Hobby. Es geht nicht darum, Selbstfürsorge einzubauen, wann immer Sie einen freien Moment haben, sondern darum, sie zu einer Priorität in Ihrem Leben zu machen. Die Entwicklung einer Selbstfürsorge-Routine, die für Sie funktioniert, kann Ihnen helfen, Stress zu bewältigen und Burnout vorzubeugen. Denken Sie daran, dass Selbstfürsorge kein Luxus ist – sie ist eine Notwendigkeit, um Ihre Fähigkeit zu erhalten, Ihren Kunden eine mitfühlende und effektive Betreuung zu bieten.

Zögern Sie nicht, sich von Ihrer professionellen Gemeinschaft unterstützen zu lassen. Die Verbindung mit anderen Therapeuten kann ein Gefühl der Kameradschaft und des Verständnisses vermitteln. Erfahrungen auszutauschen, Strategien zur Stressbewältigung zu diskutieren und einfach zu wissen, dass man nicht allein ist, kann unglaublich bestätigend sein. Erwägen Sie, Berufsverbänden beizutreten, Workshops zu besuchen oder an Selbsthilfegruppen teilzunehmen. Diese Verbindungen können sowohl praktische Ratschläge als auch emotionale Unterstützung bieten und Ihnen helfen, sich in Ihrer Rolle verbundener und weniger isoliert zu fühlen.

Die eigene psychische Gesundheit zu erhalten und gleichzeitig andere zu unterstützen, ist ein heikles

Gleichgewicht, aber es ist eines, das sowohl für Ihr Wohlbefinden als auch für Ihre Wirksamkeit als Therapeut von entscheidender Bedeutung ist. Indem Sie klare Grenzen setzen, regelmäßige Pausen einbauen, Ihre eigene Therapie und Supervision priorisieren, sich um sich selbst kümmern und Unterstützung von Ihrer beruflichen Gemeinschaft suchen, können Sie Ihren Kunden weiterhin die beste Unterstützung bieten und sich gleichzeitig um sich selbst kümmern. Ihr Wohlbefinden ist nicht nur für Ihre eigene Gesundheit von grundlegender Bedeutung, sondern auch für den positiven Einfluss, den Sie auf diejenigen haben, denen Sie dienen.

Schlussfolgerung

Ein Weg nach vorn

Da wir gemeinsam das Ende dieser Reise erreichen, möchte ich euch mit einer Botschaft der Hoffnung und Ermutigung verlassen. Egal, ob Sie ein Überlebender oder ein Therapeut sind, der Weg zur Heilung ist keine gerade Linie, sondern ein kurvenreicher Weg voller Herausforderungen und Triumphe. Genesung ist nicht nur eine Möglichkeit – sie ist eine erreichbare Realität für diejenigen, die bereit sind, die Schritte zu unternehmen, wie klein sie auch erscheinen mögen, um ihr Leben zurückzugewinnen.

Überlebende sollten wissen, dass der Weg, der vor ihnen liegt, auch wenn er entmutigend erscheinen mag, mit Möglichkeiten für Heilung und Wachstum gepflastert ist. Die Werkzeuge und Strategien, die wir auf diesen Seiten untersucht haben, sind nicht nur theoretische Konzepte; Sie sind praktische Hilfsmittel, die Ihnen helfen sollen, die Kontrolle über Ihre Emotionen wiederzuerlangen, Ihre

Symptome zu bewältigen und ein Gefühl der Sicherheit und Ermächtigung wiederherzustellen. Denke daran, Heilung ist eine Reise, kein Ziel. Es geht um die täglichen Entscheidungen, die du triffst, um für dich selbst zu sorgen, deinem Schmerz mutig zu begegnen und die Möglichkeit einer besseren Zukunft anzunehmen. Du bist stärker, als du denkst, und jeder Schritt, den du in Richtung Genesung machst, ist ein Beweis für deine Widerstandsfähigkeit und deinen Mut.

Der Fortschritt kann in Wellen kommen – manche Tage werden sich leichter anfühlen, während andere eine größere Herausforderung sein können. Aber mit jedem Schritt nach vorne schaffen Sie eine Grundlage für ein gesünderes und erfüllteres Leben. Denke daran, dass die Suche nach Unterstützung und die Fortsetzung deiner Selbstfürsorgepraktiken keine Zeichen von Schwäche sind, sondern vielmehr kraftvolle Akte der Selbstliebe und Stärke. Deine Reise mag ihre Höhen und Tiefen haben, aber jede Anstrengung, die du unternimmst, ist ein Schritt in Richtung eines Lebens, in dem das Trauma deinen Weg nicht mehr diktiert.

Für Therapeuten ist Ihre Rolle auf dieser Heilungsreise von unschätzbarem Wert. Das Mitgefühl, das Verständnis und die Führung, die Sie geben, können Leben auf eine Weise verändern, die tiefgreifend und dauerhaft ist. Ihre Arbeit ist ein

Leuchtfeuer der Hoffnung für Überlebende, die sich in der Komplexität von Traumata zurechtfinden. Selbst an Tagen, an denen sich die Arbeit überwältigend anfühlt oder der Fortschritt langsam erscheint, denken Sie daran, dass Sie einen bedeutenden Unterschied machen. Die sicheren Räume, die Sie schaffen, die Strategien, die Sie anwenden, und die Unterstützung, die Sie anbieten, helfen den Überlebenden, ihren Weg durch die Dunkelheit zum Licht der Genesung zu finden.

Die Wirkung Ihres Engagements reicht weit über den Therapieraum hinaus. Es hallt im Leben derer wider, denen Sie helfen, und erzeugt Wellen des Wandels und der Heilung, die sich auf Familien, Gemeinschaften und darüber hinaus ausbreiten können. Bei der Anstrengung, die Sie in Ihre Arbeit stecken, geht es nicht nur darum, Symptome zu behandeln; Es geht darum, Hoffnung, Selbstbestimmung und Widerstandsfähigkeit bei denen zu fördern, die sie am meisten brauchen. Ihr Beitrag zu dieser Reise ist unermesslich, und die positiven Ergebnisse, die Sie erleben, sind ein Beweis für die kraftvolle Wirkung Ihres Engagements.

Zum Abschluss dieses Buches möchte ich Sie daran erinnern, dass Sie auf diesem Weg nicht allein sind. Egal, ob Sie selbst den Weg der Genesung gehen oder andere auf diesem Weg begleiten, es steht

Ihnen ein riesiges Netzwerk an Unterstützung und Ressourcen zur Verfügung. Nehmen Sie die Hoffnung an, dass Veränderung möglich ist, halten Sie an dem Glauben fest, dass Heilung in Reichweite ist, und gehen Sie mit Zuversicht und Mitgefühl weiter. Der Weg mag lang sein, aber mit Ausdauer, den richtigen Werkzeugen und einer unterstützenden Gemeinschaft kannst und wirst du deinen Weg zu einem Ort neuer Kraft und Frieden finden. Der Weg, der vor Ihnen liegt, ist voller Möglichkeiten, und jeder Schritt, den Sie tun, bringt Sie dem Leben näher, das Sie verdienen.

Anhang

Ressourcen und Unterstützung für Überlebende und Therapeuten

Auf dem komplexen Weg der Heilung von sexuellen Übergriffen kann der Zugang zu den richtigen Ressourcen einen erheblichen Unterschied machen. Sowohl Überlebende als auch Therapeuten können von einer Reihe von unterstützenden Materialien und Organisationen profitieren, die Anleitung, Informationen und Gemeinschaft bieten. Hier ist eine Zusammenstellung von Ressourcen, die Ihnen auf diesem Weg helfen können und zusätzliche Unterstützung und Hilfe bieten, um Heilung und Wachstum zu fördern.

Für Überlebende, die zusätzliche Unterstützung suchen, bieten Bücher wie *"The Body Keeps the Score: Brain, Mind, and Body in the Healing of Trauma"* von Bessel van der Kolk tiefe Einblicke in die Auswirkungen von Traumata auf Körper und Geist. Dieses Buch erforscht verschiedene Möglichkeiten zur Heilung von Traumata, einschließlich innovativer Therapien und Praktiken, die traditionelle Behandlungsmethoden ergänzen können. Eine weitere unverzichtbare Lektüre ist *"Waking the Tiger: Healing Trauma"* von Peter A. Levine, das sich mit der somatischen Herangehensweise an Traumata befasst und zeigt, wie das Verständnis körperlicher Reaktionen bei der Genesung helfen kann. Diese Bücher vermitteln ein tieferes Verständnis von Traumata und praktische Strategien zur Heilung.

Websites wie RAINN (Rape, Abuse & Incest National Network) auf rainn.org bieten eine Fülle von Informationen und Ressourcen für Überlebende. Ihre 24/7-Hotline bietet vertrauliche Unterstützung und verbindet Überlebende mit lokalen Ressourcen, während ihre Website Bildungsmaterialien zu Bewältigungsstrategien und zum Verständnis von Traumata bietet. Das National Sexual Violence Resource Center (nsvrc.org) ist eine weitere wertvolle Online-Ressource, die Forschung, Toolkits und Informationen zur Prävention und

Reaktion auf sexuelle Gewalt bereitstellt. Beide Websites sind hervorragende Ausgangspunkte, um Unterstützung und Bildungsmaterialien zu finden.

Selbsthilfegruppen können für Überlebende unglaublich nützlich sein, da sie ein Gefühl der Gemeinschaft und des gemeinsamen Verständnisses vermitteln. Organisationen wie The Survivors Network (survivorsnetwork.org) bieten Selbsthilfegruppen und Ressourcen an, die auf Überlebende sexueller Gewalt zugeschnitten sind. In ähnlicher Weise bieten die *Selbsthilfegruppen für Überlebende sexueller Gewalt* ein Verzeichnis lokaler und Online-Gruppen, in denen Überlebende Kontakte knüpfen, Erfahrungen austauschen und sich gegenseitig unterstützen können. Örtliche Gemeindezentren, Kirchen und Krankenhäuser haben oft Einträge oder können Sie an Selbsthilfegruppen in Ihrer Nähe verweisen.

Für Therapeutinnen und Therapeuten, die sich beruflich weiterentwickeln und unterstützen möchten, bietet die International Society for Traumatic Stress Studies (istss.org) Ressourcen und Schulungen an, die speziell auf Trauma und Stress ausgerichtet sind. Ihre Website enthält Informationen zu Konferenzen, Veröffentlichungen und professionellen Leitfäden, die Ihre Praxis verbessern können. Die American Psychological Association (apa.org) stellt ebenfalls eine Reihe von

Ressourcen zur Verfügung, darunter Schulungsmöglichkeiten, Forschungsartikel und Richtlinien für die Arbeit mit Traumaüberlebenden.

Die Suche nach lokaler Unterstützung kann sowohl für Überlebende als auch für Therapeuten ein wesentlicher Bestandteil des Heilungsprozesses sein. Lokale Verzeichnisse, z. B. solche, die über kommunale Zentren für psychische Gesundheit oder lokale Sektionen nationaler Organisationen erhältlich sind, können Ihnen helfen, Therapeuten, Selbsthilfegruppen und Ressourcen in Ihrer Nähe zu finden. In vielen Städten gibt es spezialisierte Organisationen oder Krisenzentren, die kostenlose oder kostengünstige Dienstleistungen für Überlebende sexueller Übergriffe anbieten. Darüber hinaus haben lokale Universitäten mit Psychologie- oder Beratungsprogrammen oft Kliniken, die im Rahmen ihrer Ausbildungsprogramme Therapiedienste anbieten.

Auf dem Weg der Heilung und Unterstützung kann es eine Herausforderung sein, aber der Zugang zu diesen Ressourcen kann wertvolle Hilfe auf dem Weg dorthin sein. Egal, ob Sie ein Überlebender sind, der versucht, mit anderen in Kontakt zu treten, die Ihre Erfahrungen verstehen, oder ein Therapeut, der nach zusätzlicher Ausbildung und Unterstützung sucht, diese Bücher, Websites, Selbsthilfegruppen und Berufsverbände sind hier, um Ihnen zu helfen, die Anleitung und Gemeinschaft zu finden, die Sie brauchen. Denken Sie daran, dass es ein mutiger Schritt ist, sich Hilfe zu holen, und diese Ressourcen sind Teil des Netzwerks, das Sie auf Ihrem Weg zur Heilung und zum Wachstum unterstützt.

www.ingramcontent.com/pod-product-compliance
Lightning Source LLC
Chambersburg PA
CBHW061336250726
48657CB00004B/1190